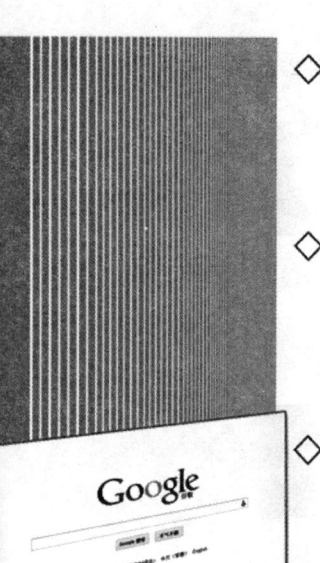

和创造世界名牌的人
一起放飞梦想

网络猎手谷歌

wangluo lieshou guge

朱 江 ◆ 编著

吉林出版集团有限责任公司

图书在版编目（CIP）数据

网络猎手谷歌/朱江编著.---长春:吉林出版集团有限责任公司，2014.8

（和创造世界名牌的人一起放飞梦想）

ISBN 978-7-5534-4075-0

Ⅰ.①网…Ⅱ.①朱…Ⅲ.①佩奇—生平事迹—青少年读物②布林—生平事迹—青少年读物Ⅳ.①K837.125.38-49

中国版本图书馆CIP数据核字（2014）第160164号

网络猎手谷歌
WANGLUO LIESHOU GUGE

编　　著：	朱　江
项目负责：	陈　曲
责任编辑：	金　昊　王傲然
出　　版：	吉林出版集团股份有限公司
发　　行：	吉林出版集团社科图书有限公司
电　　话：	0431-81629727
印　　刷：	北京一鑫印务有限责任公司
开　　本：	710mm × 960mm　1/16
字　　数：	100千字
印　　张：	12
版　　次：	2014年9月第1版
印　　次：	2019年7月第2次印刷
书　　号：	ISBN 978-7-5534-4075-0
定　　价：	23.80元

如发现印装质量问题，影响阅读，请与出版方联系调换。0431-81629727

序 言 PREFACE

梦想与生命共存　传奇与我们同在

当你拥有这套《和创造世界名牌的人一起放飞梦想》系列丛书并真正读懂它的时候，祝贺你，你已经向成功又迈进了一大步，并可以为自己的人生勾画一张蓝图了。

开卷有益，我们不是猎奇，不是对世界名人和超级品牌的奇闻轶事简单地一声惊叹，而且通过阅读，让我们的视野变得更加开阔，让我们能够更好地认识这个世界，并找到适合自己的成功之路。

这是一套全方位满足你阅读愿望的好书，文字鲜活，引人入胜。这里有商界巨鳄的传奇创业故事，也有他们普通如你我的日常生活，当你随着一行行文字重走他们的人生之路时，你的心一定会在波澜起伏中感到一种快意。或许他们的成功不能复制，但是他们的坚忍、执着、宽容——这些成功的要素，我们可以复制。

通过阅读名人的成长故事，重温名人的创业之路，我们会发现，健全的人格、自由的意志、高远的理想、敢于实践的勇气、高瞻远瞩的见地、坚毅勇敢的性格、理性处世的原则、独立思考的习惯、幽默风趣的表达方式……一个人成功的诸多要素都以具体而形象的方式展现在你的面前。

每个人都有自己的生活轨迹，然而成功之路殊途同归，这一路上你的行囊里必须要装入梦想、希望、宽容和坚忍。

请给自己一个梦想吧！梦想是成功的种子，梦想是希望的支点。从这套书中你会发现，每一个了不起的品牌里都承载了品牌创始人那激越的梦想。是梦想，让他们充满激情，斗志昂扬；是梦想，在困境中带给他们希望，让他们有了坚持下去的勇气；是梦想，激励他们不断向前进！

为梦想不懈地努力吧！从这套书中你会明白，任何人的成功都不会一帆风顺，在鲜花和掌声的背后，有太多不为人知的痛苦。那些创业中的失败、徘徊和挫折，对我们来说更具有启迪的价值。真正的勇敢者，并不是无所畏惧，而是在面对挫折的时候，能及时调整自己，正视艰难困苦，不放弃希望。所谓成功，不过是努力的另一个名字罢了。

伟大的戏剧家莎士比亚曾说："一个最困苦、最卑贱、最为命运所屈辱的人，只要还抱有希望，便无所怨惧。"

生命只有一次，让我们在阅读中汲取无穷的力量吧！《和创造世界名牌的人一起放飞梦想》系列丛书会带你走进一个传奇世界，仔细阅读并把你的梦想付诸实践，你也许会成为下一个传奇。

带上我们的梦想启程，为我们璀璨夺目的人生而奋斗！

目录 Content

前 言　001

第一章　谷歌，从零开始　001

第一节　立志改变世界的拉里　003

第二节　数学神童谢尔盖·布林　007

第三节　两个造梦人的不期而遇　011

第四节　有关命名的"无心之过"　013

第五节　开价100万却无人问津　016

第六节　"下一代搜索引擎"　021

第七节　谷歌的"发祥地"　026

第二章　聚光灯下的谷歌　033

第一节　谷歌小子驯服资本大鳄　035

第二节　"不作恶"的信条　038

第三节　进入崭新的领域　043

第四节　和想象的不一样　047

第五节　让谷歌成功的十件大事　050

第三章　那些奇人　那些轶事　053

第一节　"校花"的任职经历　055

第二节　高管眼中的未来　062

第三节　"安卓之父"安迪·鲁宾　068

第四节　又一位CEO　079

第五节　那些鲜为人知的奇闻趣事　089

第四章　谷歌在中国　099

第一节　谷歌中国的新开端　101

第二节　谷歌，丰收之歌喜悦之歌　104

第三节　追随心中的声音　108

第四节　勇者·智者·仁者　119

第五节　退出中国大陆　122

第五章　梦想不断追求不止　127

第一节　最理想的雇主　129

第二节　最具吸引力的公司　132

第三节　谷歌梦工厂　140

第四节 "让世界变得更美好" 147
第五节 让谷歌变得更优秀 151

结　语　156

附录一：拉里·佩奇于2004年写给谷歌成员的一封信（节选） 157

附录二：Google，中国——追随我心的选择 162

附录三：谷歌CEO的2012年 166

前言
Introduction

在科技迅猛发展的今天，网络在人们生活中起到的作用早已无可替代，从生活的衣食住行用，到任何你想知道的资讯，只要点击"搜索"，你都能轻而易举地获取。在网络世界中，为你提供搜索功能的工具就叫做"搜索引擎"（Search Engine），谷歌正是这一群体中极为炫目的一员。

1998年，拉里·佩奇和谢尔盖·布林在斯坦福大学的学生宿舍内共同开发了全新的在线搜索引擎谷歌（Google），并迅速传播给全球的信息搜索者。2001年，Google的网页评级机制被授予美国专利。2004年，在网络运行的最高峰时期，Google处理了万维网上约80%的搜寻请求；同年谷歌推出1GB空间的电子邮件服务Gmail，并于次年增加到2GB。2007年，Google宣布推出手机操作系统"Android（安卓）"，如今它已在智能手机操作系统市场占据数量上的优势。

2008年，谷歌地图卫星在美国加利福尼亚州成功升空。

"谷歌地球"于2005年全面推出，它整合了卫星拍摄的公共领域的图片、受使用许可的航空照相图片以及很多其他已有的城镇照片。作为一款由谷歌公司开发的虚拟地球仪软件，"谷歌地球"把卫星照片、航空照相和GIS（地理信息系统）布置在一个地球的三维模型上，推出当年即被《PC世界》杂志评为2005年全球100种最佳新产品之一。Google公司通过对谷歌地图的图片资源进行不断更新，不仅可以给我们带来更加逼真的浏览体验，而且帮助我们在旅游出行中做出精确、直观的计划安排。在"谷歌地球"的帮助下，我们甚至能够"上天下海"——在工具栏中选择"Mars（火星）"后，我们就可以通过最新的高分辨率3D图像来实现火星之旅。谷歌的3D技术还可以帮助我们深入海底，在那些神秘的海沟、海底峡谷、海底火山之间尽情畅游。有了"谷歌地球"，世界各地从此不再遥远。

2010年，谷歌的搜索功能再次升级，当你在对话框中输入词条时，结果会立刻显现出来，这就是谷歌的新功能——即时搜索。例如，当你在对话框中输入字母"W"时，谷歌便自动为你提供所在地的天气预报（Weather Report）。如果你并未选择"Weather（天气）"，而是选择了其他的词语，那么搜索页面就会立即根据你所选择的词语而重新加载。

众所周知，谷歌是以搜索引擎起家的，它能带给用户这样的"惊喜"其实也不足为奇。而这种即时搜索的最大优势就在于，它能够节省我们的时间。据谷歌方面表示，即时搜索功能将使每次搜索的时间缩短5秒左右。可别小看了这短短几秒钟的时间，对于一个搜索引擎来说，比其他搜索引擎快就是一个了不起的优势，正如谷歌搜索和用户体验部的高级副总裁玛丽莎·梅耶尔所表示的那样，除谷歌外，当时还没有哪一家企业能够提供这种"即时搜索"的服务。玛丽莎·梅耶尔还将"即时搜索"比喻成汽车的动力转向装置："一旦适应，就很难回到原来，而且我们是在预测你的搜索，并为你提供相应的结果。"之前的谷歌搜索已经提出过类似"搜索建议"的功能，但是新功能的突破在于，不仅能在用户输入关键词时提供建议，还会立即展示完整的搜索结果。

2012年，谷歌成功收购摩托罗拉公司的移动业务，并推出首款自主品牌的平板电脑以及外形时尚的媒体播放器。不久后，它还发布了前卫酷炫的概念智能眼镜——"谷歌眼镜"。相比同期发布新品的苹果和微软，谷歌公司的产品在数量和气势上丝毫没有服输的迹象。

除了这些传统的电子产品，谷歌还推出了无人驾驶汽车。在这款完全由电脑操控的汽车上，人工智能系统、视觉计算系统、全球定位系统及监控装置协同合作，以保证电脑在无人操作的情况下，自动而且安全地"驾驶"车辆。拉里·佩奇和谢尔盖·布林两人皆表示，研发无人驾驶汽车的目的是在减少道路交通事故的基础上，把人们从驾驶中解放出来，让人们有更多的空闲时间去享受生活的乐趣。

　　对于中国用户来说，大家颇为熟悉的还有谷歌拼音输入法。输入法就是把各种文字、符号输入计算机的方式，我们几乎每天都在使用自己熟悉的输入法操作电脑，因此对于种种输入法并不感到陌生。谷歌公司于2007年发布谷歌拼音输入法，这种输入法由谷歌中国实验室开发。当时的输入法功能自然无法与现在相比，但是在几年的时间里，谷歌秉持认真的态度，不断对其进行修正和改进，使输入功能日趋完善。谷歌拼音输入法不仅在准确率、词库量方面都提升迅速，还针对不同用户的习惯制定了很多贴心功能，尤其在重要节假日、纪念日还会显示"Google"字样充满节日风格徽标，增加用户打字时的乐趣。虽然如今各式各样的语言输入法铺天盖地，但是谷歌输入法依然得到部分汉语输入用户的青睐。

　　2012年9月27日，谷歌迎来了自己14周岁的生日。谷歌依照从前的惯例，更换了主页的涂鸦Logo——唯一不同的是，这一年谷歌采用了动画技术，在一只蛋糕上插了14根蜡烛。谷歌公司虽然不是最早进入搜索领域的企业，但经过14年的发展，谷歌公司已然占据了搜索引擎界的主宰地位。比如谷歌早前提出的"如何提供最相关的内容"的创意，就为这个行业带来了革命性的变化。有人曾经说过："没有Google的存在，我们很难想象互联网当前的状态。"

　　的确，如今在搜索引擎领域，谷歌已经是当之无愧的

"老大"，这一点没人有异议；不仅如此，在浩瀚的网络海洋中，它还是最受人们欢迎的网站之一。

那么，谷歌是如何做到这一点的？也许，谷歌创始人之一拉里·佩奇的一句话可以解开我们心中的迷惑：

"完美的搜索引擎需要做到确解用户之意，且返用户之需。"

Google

第一章　谷歌，从零开始

- ■ 第一节 立志改变世界的拉里
- ■ 第二节 数学神童谢尔盖·布林
- ■ 第三节 两个造梦人的不期而遇
- ■ 第四节 有关命名的"无心之过"
- ■ 第五节 开价100万却无人问津
- ■ 第六节 "下一代搜索引擎"
- ■ 第七节 谷歌的"发祥地"

Google

第一节　立志改变世界的拉里

> 你也许能发明世界上最出色的的东西，但假如只是单单发明了它们，它们就不会为你带来更多。
>
> ——拉里·佩奇

拉里·佩奇全名劳伦斯·爱德华·拉里·佩奇，他出生于美国密歇根州东兰肖恩市的一个犹太家庭，父亲是密歇根大学计算机科学教授。密歇根大学是一所历史十分悠久的大学，也是世界顶尖大学之一，拉里的母亲和哥哥也都毕业于这所大学。值得一提的是，拉里的哥哥小卡尔不仅在学习上是弟弟的榜样，在创业上也成了拉里的偶像。小卡尔在密歇根大学取得理学硕士学位后，和志同道合的朋友们共同创办了一家网络公司，这家名为eGroup的网络公司虽然后来被雅虎公司收购，但时值4亿多美元的资产总值说明这家网络公司经营得颇具规模。哥哥的创业经历，无疑对拉里产生了潜移默化的影响。

家庭环境对一个孩子的成长总是不可避免地有一定的影响。虽然拉里在密歇根大学选择了工程学专业，但是他从小就

浸润在计算机的世界里，这让拉里·佩奇这个天生充满好奇心的孩子从6岁起开始接触计算机。正是在那一年，他们家有了第一台家用计算机，名叫"卓越动力魔法师"，单从这个名字就可以看出，计算机在当时是多么稀罕的一种东西。尽管如此，父亲并没有禁止孩子们触碰这台计算机，在他看来，孩子们的好奇心更加珍贵。他一向鼓励孩子们通过探索与实践来满足自己的好奇心。正因为有了父亲的支持，拉里才能够在学生时代便对计算机颇为了解，他甚至琢磨着如何用计算机来完成课堂作业，这对于当时的学生们来说可是一件连想都不敢想的事情。

1995年，独具天资的拉里最终在学术领域继承了父亲的传统，获得密歇根大学工程专业的理学学士学位，并赢得了"杰出学生奖"，成为一名荣誉毕业生。

在一次回访母校的演讲中，拉里·佩奇说道："我的父亲在文凭的数量上更胜我一筹——他在这所学校获得了多个学位，其中一个学位是通信工程的博士。为了取得这个学位，父亲和母亲都做出了很大的牺牲，还要为了抚养刚出生的哥哥而省吃俭用……后来父亲成为一名密歇根大学的教授，我很走运，因为教授的工作比较灵活，他有大量的时间陪我。不过，44年前，他们曾认为计算机根本火不了多久。"

在拉里的记忆中，父亲曾对他讲过爷爷那个年代的一个故事：爷爷经常扛着一个大铁锤——粗粗的铁管上绑着一个大大的铅块，那是爷爷和工友们在参加1937年弗林特罢工静坐时用来保护自己的"武器"。身为一名汽车工人的爷爷参加了卡车司机工会反抗早期汽车生产企业剥削劳动者的斗争，他和工友们一起与资方发生了激烈冲突，甚至惊动了警察，最后警察用警戒线把劳资双方分开。后来，到了大家不需要用铁锤来保护自己的时候，铁锤便成了佩奇家族的传家宝，先是传给了拉里的父亲，后来传到了拉里的手里。年幼时的拉里还和家人用这个大铁锤在家中的院子里打过桩。

这样的一段历史带给拉里的是来自那个时代的触动，他在成名后的一次采访中谈到如何给予员工福利时说："员工应该保护自己不受到公司的伤害，时至今日，我还保留着祖父留给我的铁锤。从那时到现在，两代人走过了这么长的路，我想我们的员工没有谁再需要带着这样的武器上班，至少我希望是这样。这是经过两代人才发生的变化，而常识是：人越是快乐地工作，效率也就越高。"

像所有好奇心强的孩子一样，拉里也曾拆过家里的电器。据他回忆，由于父母的专业性质，在他小的时候，家里基本上总是很乱，到处都堆满了计算机和科技杂志。就是在这样一个不甚"整洁"的环境中，孩子们自由自在地长大，再加上父母从来不压制孩子们"爱破坏"的天性，因此，拉里从小就在哥哥的"教导"下，在家里四处"拆东西"玩。9岁那年，拉里用哥哥送给他的一套螺丝刀，把家里所有他找得到的电动工具拆得七零八落。拉里说，拆开这些东西是为了看看它们都是如何运转的，达到目的之后，拉里就去干别的事情了，把那堆"零件"完全忘到了脑后，据说这样的拉里让他的父母也束手无策。

12岁那年，拉里读到了19世纪著名的发明家尼古拉·特拉斯的传记。作为与爱迪生同时代的发明家，尼古拉在当时创造了一系列与爱迪生不相上下的重大发明，可是他却没有得到相应的名望和财富，在困顿中郁郁而终。这本传记对于拉里的触动与日后谷歌的兴起有很大的关系。拉里曾说过："你也许能发明世界上最出色的东西，但假如只是单单发明了它们，它们就不会为你带来更多。我认为这是很悲哀的事情，可以设想，如果尼古拉在做生意和交际方面多掌握一些技巧，他也许会收获更多。"

尼古拉·特拉斯的经历让成长中的拉里思考和自省，拉里逐渐发现了自身性格的弱点，并决心进行改正。比如，大学期间，拉里主动担任了一个工程社团的部长，还选修了商科课程，以努力增强自己的社交能力，拓展自己的交际空间。他说："我意识到我会发明一些东西，而且我也会改变这个世界。也许从12岁时，我就知道我最终是要创办一家公司的。"

第二节　数学神童谢尔盖·布林

> 苦难对我之后的生活产生了巨大的影响……但是我觉得那些经历恰好给了我一个不同于别人的人生视角。
>
> ——谢尔盖·布林

谷歌的另一位创始人及领导者谢尔盖·布林出生于莫斯科，全名谢尔盖·米哈伊洛维奇·布林。在他6岁的时候，他的父母决定举家移居到美国。谢尔盖早年经历过一段艰难的生活，他曾在接受采访的时候说："苦难对我之后的生活产生了巨大的影响……但是我觉得那些经历恰好给了我一个不同于别人的人生视角。"

谢尔盖的父亲米哈伊尔·布林是一个天才数学家，他早年就职于苏联国家计划委员会，但这份无聊的工作显然不能让他满意。1977年，在他获得数学博士学位两年后，米哈伊尔参加了一个国际会议，这次会议对他的影响颇深，让他决定离开祖国，到美国定居。

1979年，抛弃了在祖国的一切的米哈伊尔一家，终于离开苏联，经历种种波折最终来到了美国。一贫如洗的一家人最初只能租住在一所几平方米的小房子里，艰难地开始了他们的新生活。

"我们只有历尽艰辛才能生存，最终发展壮大，我认为这是犹太人生存的最重要的经验。"谢尔盖后来曾经这样总结这段苦难的日子。的确，正是在这样艰辛的环境中，谢尔盖迅速地成长起来，并学会了如何在逆境中生存并发展，这样的本领令他终生受益。

和拉里一样，幼年时的谢尔盖同样天赋异禀。当时身为马里兰大学数学系教授的父亲，培养了他在数学方面的兴趣，家里其他亲属也尽力帮助他保持说俄语的能力，这样的环境使得谢尔盖从家人那里学到了更多的知识。在谢尔盖即将满17周岁的时候，父亲带他参加了为期两周的苏联高中数学资优学生国际交流计划的活动。这次活动强烈唤起了谢尔盖关于童年、关于家乡的记忆，也让他想起了某些让他感到恐惧的场景。在旅途中，谢尔盖郑重地对父亲说："谢谢你当初选择带领我们离开苏联。"后来，身居谷歌要职的谢尔盖成为AmBAR的成员，这是一个网络组织，主要成员均为在美国使用俄语的商务人士，包括海外国民和移民人士。

谢尔盖在9岁那年拥有了自己的第一台电脑，随后谢尔盖利用电脑开始接触那时初具雏形的互联网络。而那时的电脑还像黑白电视一样，只有很少的人拥有和懂得怎样使用。起初，

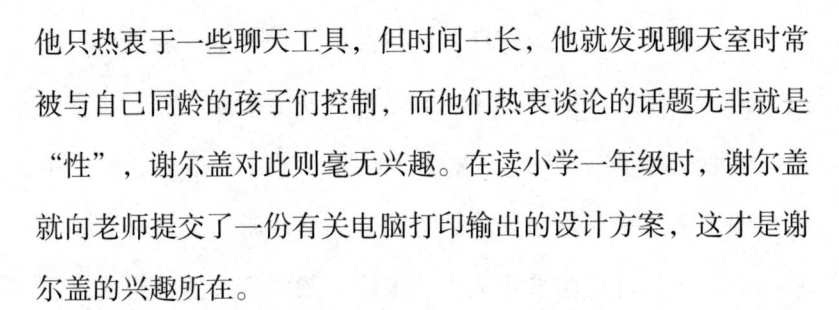

他只热衷于一些聊天工具，但时间一长，他就发现聊天室时常被与自己同龄的孩子们控制，而他们热衷谈论的话题无非就是"性"，谢尔盖对此则毫无兴趣。在读小学一年级时，谢尔盖就向老师提交了一份有关电脑打印输出的设计方案，这才是谢尔盖的兴趣所在。

谢尔盖的父亲很严厉，甚至可以说有一些刻薄，曾经因为不满意学生的论文而在上面直接写出"谨致哀悼"的评语。以这个严父最初的眼光来看，高中开始厌学、高三辍学在家的"辍学生"谢尔盖应该是难成大器了，但最终令他意外的是，谢尔盖不仅被马里兰大学提前录取，学习电脑科学和数学两个专业，并于1993年5月获得理学学士学位，还获得美国国家科学基金会的奖学金。当然，谢尔盖的学业这样顺利，也被很多人认为是因为他的父亲利用了自己的职务之便。不过，事实永远是证明一切最好的方式。谢尔盖在进入斯坦福大学攻读博士学位时，入学仅两个月就通过了所有的考试。按照规定，他根本不必再去读这些课程，只需写一篇学位论文就万事大吉。

不过，你可千万不要因此而认为这些考试十分容易，事实上，大部分学生苦读两年也无法全部通过这些考试。只能说，谢尔盖的确有资格成为一位优秀的数学家。不过，尽管他的父亲对这一点寄予厚望，但谢尔盖还是没有像父亲所希望的那样成为一名教授。可是，他还是如父亲所愿，成为一位"大人物"，一个闻名世界的商业巨头。

在人们的印象中，"IT男"通常都是兴趣单一的宅男，不过，谢尔盖却并非如此，强烈的好奇心使他的业余爱好非常广泛，即便他攻读了博士，他父亲给他的评价依然是"不务正业"四个字。他在斯坦福总是跟朋友们一起游泳，还喜欢跳水和高空秋千，这些似乎才是他"主修"的课程。他希望自己探索的领域越来越广阔，希望有机会发现有价值的东西。不过，他父亲对他的举动很不理解，在一次谢尔盖的生日聚会上，他父亲还特意写了一首充满嘲讽意味的诗，并发到网络上。

谢尔盖还有一个不得不提的小癖好，据他的校友回忆说，谢尔盖是一个"了不起的撬锁专家"，他们曾密谋潜入系主任的办公室修改成绩，但未能付诸行动。不过，有一次学校的设备短路了，整个楼层断了电，谢尔盖成功地闯进了位于地下室的电路控制室，重新安装了断路器，让用电恢复正常。这个经历让谢尔盖非常自豪，因为他高超的撬锁技能终于用在了"正途"。

第三节　两个造梦人的不期而遇

> 我认为，实现雄心勃勃的梦想更为容易些，我知道这听起来似乎是一派胡言，好像没有人能疯狂到做这件事情，似乎你也不可能完成。但最优秀的人就是希望接受挑战。
>
> ——拉里·佩奇

1995年3月，在一次春季计算机博士生候选人（博士候选人是为争取获得博士学位而接受学院培养的人，性质上属于培养和研究，但是最终能否获得博士学位，还要看他的研究工作能否达到博士学位的要求）迎新会上，还是一名新生的拉里遇到了一位名叫谢尔盖·布林的学长。当时的谢尔盖已经做了两年博士生，也正因为如此，在这次的活动中，导师分配他带着新生参观校园。

初次见面，无论是谢尔盖·布林，还是拉里·佩奇，他们谁都没有想到，在以后的岁月中，他们二人不仅成为志同道合的好朋友，而且还成为共同创办谷歌且并肩作战的好伙伴。

回忆起与拉里·佩奇的初次相遇，谢尔盖在接受《经济

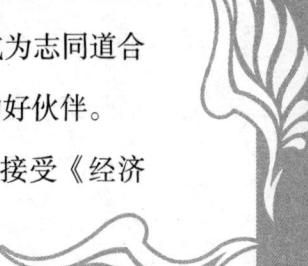

学人》的采访时说："我们俩都有些令对方厌恶。"两个个性极强的人在最初的接触中，似乎在大多数的课题项目上都各持己见。但经过一段时间的共同相处以后，他们就开始"惺惺相惜，成为亲密的好友"。

在当时的校园里，大多数学生喜欢读小说、看电影或听音乐，还有一些学生为了日后能进入美国所谓的上流社会，把更多的精力放在诸如高尔夫之类所谓"情趣高雅"的活动上。拉里和谢尔盖对于这些完全不屑一顾，他们认为这纯属浪费时间，他们两个人最喜欢做的事就是参加各种科技展览，再就是浏览互联网网页，搜索那些能够真正影响人们生活的信息。

在网络发展方面的共识让两人更为默契。当时，谢尔盖正专注于开发数据挖掘系统，而拉里则把自己的研究重心放在推广一种概念上，这种概念具体表达为"通过一篇学术论文在其他论文中的引用量来推断其重要性"。这样催生出的结果，是两人最终决定共同计划编写出一种超文本（超文本是将各种不同空间的文字信息组织在一起的网状文本）的大规模网络搜索引擎。

为了实现这个计划，他们利用宿舍中的廉价电脑编写程序，并在网络上进行测试。这个引擎最初只为斯坦福大学内部的学生、教师和管理人员服务，没想到后来竟迅速流行起来，而且获得大学技术认证中心为此申请专利的机会。他们知道，他们已经成功地创造出一款崭新的搜索引擎，为了不让这个项

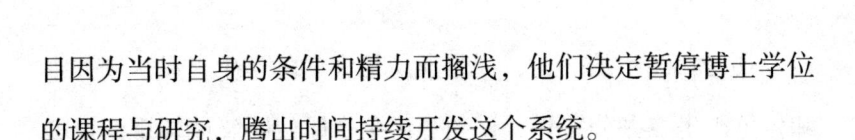

目因为当时自身的条件和精力而搁浅，他们决定暂停博士学位的课程与研究，腾出时间持续开发这个系统。

第四节　有关命名的"无心之过"

> 我们将整个网络转换成了一个拥有数亿变量的庞大的方程式。
>
> ——谢尔盖·布林

就在拉里和谢尔盖新开发的搜索引擎日渐流行的时候，两人萌生了创办公司的想法。当然，学生创业在斯坦福本来就非常流行，但是也有很多本来有前景的构想，因为开发者对名利的追求而最终被湮没。有了这样的"前车之鉴"，加之两人对这个项目的狂热，他们时刻提醒自己，这个搜索引擎对于他们的未来非常重要，一定不能被片面的经济利益毁掉。

坚定了这样的信念后，接下来他们要面对的问题就是，这样的一种新事物应该配个怎样的名字呢？因为从某种意义上来说，琅琅上口的名字也与未来的成功息息相关。不过，你一定不知道，这个如今被我们所熟知的名字"Google"，其实完全来自于一个"无心之过"。

那是1997年的一天，同是斯坦福大学的学生肖恩·安德森和拉里正坐在办公室里，试图想出一个既好听又能体现海量搜索技术的、全新的公司名称。

不一会儿，"googol"这个词就出现在安德森的脑海里。"googol"其实是一个数学名词，由美国著名数学家爱德华·卡斯纳和自己9岁的小侄子共同发明，指的是10的100次方。在安德森看来，这种有教学意义的术语既可以用来代表在互联网上能够获得的海量资源，又可以全面展示其想要获得一切网络资源的雄心。安德森十分喜欢这个名称，正好电脑就在面前，于是他想先搜索一下这个名称是否已经被注册或使用。

没想到，在输入的过程中，安德森一不留心将"googol"误打成"google"，此时互联网域名注册数据库又恰好显示这个域名可以使用。随后，"google.com"的域名就正式被拉里·佩奇注册。就这样，经过了一次"无心之过"，"Google"注册成功。

不过，有关网站命名的故事还有另外一个版本：

据说，拉里和谢尔盖最初准备采用"whatbox"这个名称，翻译成中文就是"月光宝盒"。但是随后他们发现，"whatbox"的发音很容易被听成"wetbox"，在英文释义中很像一个色情网站的名称，于是这个名字被排除了。

不久后的一天，拉里翻阅美国数学家爱德华·卡斯纳的著作《数学与想象》，里面提到爱德华在1938年准备为"10

的100次方"命名时，他的小侄子发表意见说："这样大的数字，一定要用一个怪异的名称——非Googol不可。"于是爱德华采用了这个称谓。这个数十年来一直默默无闻的数学名词让拉里心生喜悦，它的意义不仅可以显示网络资源的庞大，还能凸显搜索引擎在其中强大的功能。谢尔盖对此倒没有什么不同的意见，他也很喜欢这个名称，他唯一担心的就是直接使用这个词会带来一些未知的纠纷，比如商标名称的归属问题等，因此，在他的建议下，拉里把这个词的拼写稍加修改，变成了今天我们所熟知的"Google"。

那时的他们完全没有意识到这个名称将会给世界带来怎样的改变。"Google"逐渐成了人们每天生活和工作必不可少的工具，上千万用户将其设为浏览器首页，其风光程度可想而知。后来，"Google"一词又被人们赋予了一种新的解释：G的意义为手，OO为多个范围，L意为长，E意为出。这样一来，合成的意义就是：只要有需要，无论在哪里，Google都能帮你搜寻出海量的资料。

随着Google对人们生活的影响日渐深远，"Google"甚至开始成为一个独立的英文单词，比如被用作动词，"Google某物"的意思就是在Google搜索引擎上搜索"某物"这个关键词；在进行网上搜索的时候，人们不再说"搜索"一下或"查找"一下，而是更习惯说"我来Google一下"。包括后来Google公司推出的一系列程序及产品，如Google桌面、

Google聊天、Google拼音输入法和Google地球等，几乎都是对"Google"概念的深化。

第五节　开价100万却无人问津

> 在大学里我学到了一句话"一切皆有可能"，它让我很受启发：我们应该做大部分人不会做的事情。
>
> ——拉里·佩奇

每一个成功事业的开始，创业者总会经历一番我们难以想象的艰辛。谷歌也不例外，你能想象吗？这个如今风靡全球的"网络万能手"，曾经差点被卖掉，而价格仅仅是区区的100万美元。

虽然在创业的初期，拉里和谢尔盖经历过刷爆三张信用卡的尴尬，不过，他们的创业之路走得还算顺利，网站用户的访问量不断地增加。然而，蓬勃发展带来的问题是，数据库的规模难以满足用户对搜索的需要，他们意识到必须尽快扩大现有的数据库规模。可是，他们手里实在没有多余的资金再用来添置设备。为了省钱，拉里东奔西跑到处寻找便宜的零部件，然

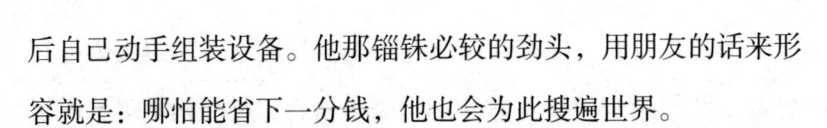

后自己动手组装设备。他那锱铢必较的劲头，用朋友的话来形容就是：哪怕能省下一分钱，他也会为此搜遍世界。

你不会相信，拉里和谢尔盖曾经到学校的仓库里东翻西找，发现无人认领的电脑，就直接拿回来使用，丝毫不客气。对于这种"不光彩的行为"，谢尔盖也确实感到非常不好意思。不过，他为自己的行为辩解说："我们猜测，如果电脑的主人没有马上把它们拿走，那就证明他们不着急使用，我们就先借来用用。"

可是，即便已经这样"勤俭节约"，他们依然难以维持网站的发展。于是，终于有一天，两人萌生了一种想法——把凝聚诸多心血的搜索引擎技术卖掉。

很快，拉里和谢尔盖找到了一位当时在美国DEC公司工作的斯坦福大学的学长。顺便说一下，DEC公司（Digital Equipment Corporation）即美国数字设备公司，是成立于20世纪50年代的一家老牌小型机生产工厂。在20世纪的60年代，DEC公司曾一度引领计算机小型化发展的浪潮，但是到了拉里和谢尔盖开始创业的时候，它的发展状况大不如前，甚至已经走向没落。基于谷歌本身所蕴含的巨大潜力，可以想象，如果能够买下谷歌的搜索引擎，DEC势必会重新走上搜索业界的一线舞台，而对于谷歌来说，历史也一定会发生改变。

再三考虑之后，谢尔盖和拉里与学长约在一家中国餐馆会面，学长的名字叫保罗·弗莱厄蒂，是DEC公司Alta Vista搜引擎的设计者之一。在会面的过程中，拉里与谢尔盖极力推荐谷歌，并表示希望学长能够出力牵线搭桥，好让DEC买下谷歌的搜索引擎技术。而鉴于当时的情况，拟定的售价仅为100万美元。保罗·弗莱厄蒂满口答应，承诺回到公司一定为谷歌多多美言。

然而，几周以后，DEC发来回复，表示他们并没有收购谷歌的打算。对此保罗·弗莱厄蒂解释说："那些工程技术部门的人，不愿意从外部引进技术，他们有着非常强烈的门户之见。"原来，DEC根本不希望自己在技术方面依靠外人。

其实，门户之见在哪里都不稀奇，但是，当你技不如人的时候，如果不能主动学习别人的长处，而是坚守着自己陈旧的那一套不放，那么，毫无疑问，你的路将越走越窄。DEC公司的命运也证明了这一点。正是由于错过了这样一个千载难逢的机会，不久后，DEC公司被美国康柏（Compaq）以96亿美元的价格收购。2001年，美国惠普公司与康柏正式宣布合并。

对于想出售谷歌却苦于无人接手的拉里和谢尔盖来说，这在当时对他们来说的确可以算是个不小的"挫折"，不过他们并没有灰心，而是调整了战略。然而，拉里和谢尔盖当时并没有立刻放弃出售谷歌的想法，除了DEC公司，他们还联系了另一家同样做搜索业务的刚成立没几年的公司——Infoseek。

你可能并不了解Infoseek，不过提起一个人你一定熟悉，他就是创办了全球最大的中文搜索引擎百度的李彦宏先生，他

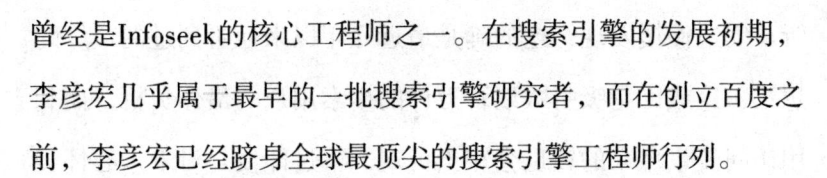

曾经是Infoseek的核心工程师之一。在搜索引擎的发展初期，李彦宏几乎属于最早的一批搜索引擎研究者，而在创立百度之前，李彦宏已经跻身全球最顶尖的搜索引擎工程师行列。

拉里和谢尔盖满怀信心地尝试与Infoseek接洽，然而结果依然出乎意料，Infoseek的创始人史蒂夫·基希尔直接让他们两个人走开!

打击接踵而至，如果换做是意志不够坚定的年轻人，早就放弃努力了，但是拉里和谢尔盖显然没有被这样的失意打倒，如果他们一遇到挫折就放弃努力，也就不会有今天的谷歌了。

正所谓否极泰来，在经历了一系列不顺利之后，他们遇到了名列"世界财富500强企业"的Sun Microsystems公司联合创始人安迪·贝托尔斯海姆。安迪·贝托尔斯海姆还是一个非常著名的投资人，初次见面，两个年轻人就让他备感意外，因为虽然他们在四处寻找资金帮助，但是他们竟然没有准备任何的商业文字说明。

这显然并不符合规则，一般的投资人可能会因此连说一说的机会都不给你，直接把你拒之门外。不过，这一次幸运女神站在了拉里和谢尔盖这一边。从这件事上，我们也可以看出安迪并非一般的投资人，他经历了许多事情，也见识过各种各样的人，丰富的经验告诉他，他面对的这两个年轻人一定不是等闲之辈，这使他产生了进一步了解谷歌的冲动。

在拉里和谢尔盖认真讲解的过程中，安迪始终耐心聆听。安迪慢慢发现，这的确是最近几年以来他听到过的最好的想法，这或许是吸引数以百万计的搜索用户的最佳契机，而利用访问流量赚来的钱也会相当可观。不过即便是对未来心怀美好的期望，三个人当时也没有预料到谷歌会发展到如今的地步。于是，安迪由开始时收购的冲动变为十分认真地希望两个年轻人能够加入自己的队伍。

安迪对于谷歌的兴趣非常明显，而这两个才华出众的年轻人同样让他感到难得。于是，聪明的安迪仔细考虑了一下，提出了自己的想法，他表示愿意赞助一些费用，并最终在拉里和谢尔盖的要求上增加5万美元——一张10万美元的支票就这样送到了拉里和谢尔盖的手里。

两个青年拿到支票后异常兴奋，还一起到"汉堡王"吃了顿美味的汉堡以示庆祝。当然，这不是什么奢侈的大餐，毕竟今后要用钱的地方还有很多，两个年轻人可舍不得把钱花在吃喝上。不过对于拉里来说，虽然他也承认汉堡的确属于垃圾食品，但其无与伦比的美味以及实惠的价格总是让他留恋。

第六节 "下一代搜索引擎"

> 这世界上是有奇迹的,没有永远的王者,永远会有后来的超越者,创新、专注才是生存和发展之道,每一个超越者都要脚踏实地地站在地上。
>
> ——查立

在接下来的两周里,拉里和谢尔盖为办理公司各项手续而奔波劳碌,那张支票只是静静地躺在抽屉里,直到他们开好公司的专属银行账户后才被入账。

手续齐备后,接下来就该解决办公地点的问题了。巧的是,恰在这时两人得知一位在英特尔公司(Intel Corporation)工作的朋友刚刚购置了一套房子,并希望能出租一部分以减轻偿还贷款的压力,拉里和谢尔盖于是联系这位朋友。在美国,如果你想租房,通常需要提出申请,然后再征得房东的同意,只有得到房东的信任,你才能够租到房子。他们与房主的交流十分愉快,两个年轻人被认为"应该是不错的房客"。最后,拉里和谢尔盖终于以1700美元一个月的价格租到了一间车库、三个房间和两间浴室，而且房间里还有一台洗衣机和一台热水器。

房主苏珊·沃西基当时还以为拉里和谢尔盖只会白天待在那里，没想到这两个年轻人竟然24小时都不出门，他们勤奋创业的精神可见一斑。更令苏珊·沃西基意想不到的是，她自己日后也会加入谷歌，成为谷歌的第18名员工，并担任起广告业务高级副总裁的职务。

不过，这还不是最妙的一段，事情再发展下去，苏珊·沃西基的妹妹安娜·沃西基竟然成了谢尔盖的妻子，缘分真是奇妙啊！

万事俱备，只差开业。经过一段时间的奔波忙碌，看着逐渐完备的一切，拉里和谢尔盖终于松了一口气。这样重要的时刻怎么能不纪念一下呢？于是，他们打算召开一个Party来庆祝新公司的诞生。要知道，这段时间的辛苦劳碌早已使大家疲惫不堪，好不容易有机会彻底放松一下，他们简直是求之不得，因此，大家热情洋溢、热火朝天地为开Party做起了准备。可是谁也没想到，就在这一天，发生了一件出乎意料的事。

为了庆祝开业，拉里和谢尔盖亲手制作了一条横幅——其实就是一条白色的旧床单，上面写着"Google"，几个字母五颜六色，下面还有一行黑色小字的广告语"下一代搜索引擎"。拉里和谢尔盖两人笨手笨脚地爬上房顶，要把横幅挂在临街的那面墙上。不过说真的，两人"高空作业"的技术实在

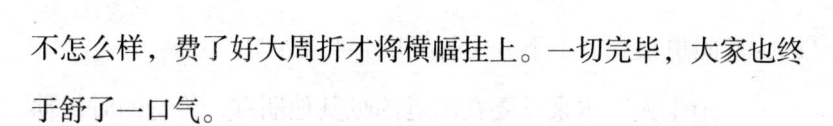

不怎么样，费了好大周折才将横幅挂上。一切完毕，大家也终于舒了一口气。

谁也没有想到，这一举动竟然引来了一个"不速之客"。

当时，这位"不速之客"就坐在公寓对面的一家餐厅里，他正在跟朋友用餐。餐厅里的客人不多，气氛有些沉闷，这才使得两个人同时把目光投向落地窗外。看到两个年轻人挂出的横幅上"下一代搜索引擎"的话语，那位朋友的脸上立刻露出轻蔑的神情。这也难怪，当时的搜索引擎市场已经有"四大天王"，市场上的竞争本就非常激烈，两个年轻人初出茅庐就想来分一杯羹，被许多人认为是异想天开，这也在情理之中。

用餐结束后，告别了朋友，这个人站起身来就向对面的公寓走去。

由于天气十分炎热，几个年轻人正在阳台上洒水降温，好为晚上的聚会做准备。见到一位男士来到门前，他们还以为是受到邀请的朋友，连忙过来迎接。来者也毫不客气，直接进门"参观"起了他们的"办公室"，旁边的一个年轻人拿着几张图片，兴致勃勃地向来者宣讲谷歌的一些理念。

实际上，这个谷歌最初的办公室陈设极其简单，站在门口就可以一目了然：三张用旧木门、木架拼成的桌子，三把椅子也都是旧物，还有一个折叠的乒乓球台，之所以一直折叠着是因为房间里根本放不下一个打开的乒乓球台。

"陌生人"本来是要在附近约见其他朋友,等待的时候觉得无聊,就信步走进来想看看这些年轻人到底在搞什么名堂。边听边看,来者越来越不以为然,态度也更加不屑一顾。

这时,周围热闹起来,大批客人拥入,聚会马上就要开始了。环视周围,基本都是年轻的面孔,看上去差不多都是些学生。被众人簇拥的谢尔盖看到房间里的"陌生人",非常热情地过来问好,还同他攀谈起来,最后还把自己的联系方式写在纸条上交给对方,希望双方保持联系。

这位"陌生人"又待了一会儿,愈发感到无聊,就挤出人群离开了。走到楼下,他顺手把写着联系方式的纸条扔进了垃圾筒。

这个"陌生人"的名字是查立,是乾龙创投基金的创始人,这位毕业于英国伦敦大学的硕士,是个曾在多家跨国公司担任管理职务的中国人。而刚刚与他进餐的朋友,则是搜索网站Excite.com的创始人马克。

马克可不是等闲之辈,他也是斯坦福的毕业生。在读期间就与同学创办了Excite搜索引擎公司,在硅谷名声大噪,刚过30岁就已经是亿万富翁了。雅虎上市以后,Excite.com紧随其后,坐上了当时搜索引擎界的第二把交椅,马克自然也成了搜索引擎领域首屈一指的人物。

"下一代搜索引擎"这样的话之所以让马克如此不以

为然，是因为在他的眼里，整个世界乃至整个星球的搜索引擎市场都掌握在当时已经上市的四大搜索引擎公司（雅虎、Excite、Infoseek和Lycos）的手里。无名小卒还想挑战，在他看来实在是太自不量力了。

查立和马克当时作为搜索引擎界的先驱、前辈，完全没有意识到，这个"下一代搜索引擎"作为后来者，将会成为搜索行业的巨头。而查立后来也感叹道："这世界上是有奇迹的，没有永远的王者，永远会有后来的超越者，创新、专注才是生存和发展之道，每一个超越者都要脚踏实地地站在地上。"他在自己的书中记录了这段小插曲，还在博客中写道，如果当初在那个简陋的房间里多待一会儿，给谢尔盖投资一些，如今怎么也会有成百上千倍的收益了。

作为一个风险投资人，这样的"错过"的确是太不应该了。不过，再怎么遗憾也是枉然，因为谁也回不到"当初"。

第七节　谷歌的"发祥地"

自由之风永远吹拂。

——斯坦福大学校训

位于美国加利福尼亚州帕洛阿尔托市的斯坦福大学建立于1891年，全称为小利兰·斯坦福大学（Leland Stanford Junior University），由利兰·斯坦福建立。斯坦福大学不仅是美国著名的私立大学，还被公认为是世界上最杰出的大学之一，人们称它为"西岸的哈佛大学"。

斯坦福大学不仅名气大，而且很有钱，它所拥有的资产在世界大学中排在前列。它的创建者利兰·斯坦福是美国镀金时代的十大财阀之一，经营港口、金矿、铁路，是当时有名的"铁路大王"。1861年，利兰·斯坦福当选为加州第一任州长，美国南北战争时期，他带领加州加入了北方联盟，同时支持美国第16任总统亚伯拉罕·林肯。1863年，利兰·斯坦福与夫人珍妮创建中央太平洋铁路公司并担任公司总裁。

说起斯坦福大学的创建，则是出于一件令利兰·斯坦福痛心的往事——利兰·斯坦福的儿子小利兰·斯坦福在意大利

游历时染病去世。为了纪念他，利兰·斯坦福出资在加州的帕洛·阿尔托成立大学，还把自己用来培训优种赛马的8000多英亩农场拿出来，作为学校的校园。当时的加州，在美国人的眼中还属于荒凉闭塞的偏远地区。然而后来的事实证明，利兰·斯坦福的这一决定为加州以及美国都带来了无尽的财富。直到现在，美国人还习惯性地称斯坦福大学为"农场"。

由于占地面积较大，在斯坦福大学，单车是学生们必备的交通工具。斯坦福大学的经费充足，教学设备十分充裕，别的不说，仅电脑就有7000多台，为在斯坦福就读的学生提供了十分便利的学习条件。斯坦福大学设有30个图书馆，藏书多达650多万册，而且全部使用计算机管理，其雄厚的实力由此可见一斑。

有关斯坦福的建立还有过这样一个谣传：某天，一对看起来十分土气的农民夫妇来到哈佛大学，找到校长，提出要捐赠一栋大楼。谁知傲慢的校长几番打量之后，十分轻蔑地说："想要捐赠一栋教学楼可是需要100万美元哦，你们出得起吗？"就这样三言两语地把这对夫妇打发走了。这对夫妇十分气恼，一路边走边念叨："不过才100万美元而已。"原来他们本打算捐助一个亿的，鉴于这样的遭遇，他们决定干脆自己建一所大学，于是就有了今天的斯坦福。虽然是谣传，但是也曾被翻译成多种文字流传，以至于斯坦福大学不得不在自己的网站上对此进行辟谣。

虽然斯坦福大学建校多年，但真正进入到"发达"阶段却是在上世纪70年代。这主要归功于斯坦福庞大的校区面积。对于一所大学校园来说，8000多英亩的建筑面积自然是怎么都用不完。于是，到了1959年，斯坦福工程学院的院长特曼就提出了一个新的构想——将其中的1000英亩以极低廉的价格（只是象征性的租金）长期租给工商业界人士或毕业校友来设立公司，再让他们与校方合作——支持各种研究项目以及提供学生的实习机会。

正是这个新的构想，让斯坦福大学从此搭上了发展的快车，它不仅成为美国首家把工业园区搬入校园的大学，工业园区的迅猛发展更让其很快置身于美国的科技前沿。随着企业的增多，工业园区内的土地很快就无法满足需求，于是，这些企业开始向外扩张，最终形成了毗邻斯坦福大学、高科技企业云集的"硅谷"（Silicon Valley）。

就这样，斯坦福大学被科技集团和企业重重包围，高科技日渐兴起，各个电脑公司包括很多知名电脑企业纷纷在这里安营扎寨，这一切都加速着斯坦福在计算机专业上的强盛，也使日后这一专业人才辈出。斯坦福大学在发展中积淀的底蕴与力量，在历届毕业生中也有所体现。这个庞大的群体中，有第31任美国总统胡佛，还有享誉世界的科技领袖以及众多诺贝尔奖的获得者。数年来，斯坦福大学的功绩除了孕育现代科技文化的硅谷外，诸位校友还创造了众多的世界一流企业，包括惠普、思科、EBay、Gap、耐克、Sun、雅虎以及其他数以百计的美国知名上市公司，当然也包括本书的主角——谷歌。

有评论说："如果说，哈佛大学与耶鲁大学代表着美国传统的人文精神，那么，斯坦福大学则是21世纪科技精神的象征。"在全美各大学博士课程排行榜上，斯坦福的计算机科学与麻省理工、加州大学伯克利分校、卡内基·梅隆大学并列第一，它的生物学排名第一，数学则紧随普林斯顿大学和加州大学伯克利分校之后，位列第三，物理学与哈佛大学等另外三所高校并列第三，其他像经济学、生物化学、心理学、大众传播等专业也在全美各高校中排名靠前。1998年，时任美国总统的比尔·克林顿也让自己的独生女选择在斯坦福大学就读。

作为美国最著名的私立大学，相比美国东部的常春藤盟校哈佛大学和耶鲁大学，斯坦福大学实在算不上历史悠久，但在学术水准等方面已经具备了与之相抗衡的实力。从高校自身的特点及其成长历程来看，斯坦福大学同样与众不同。

首先，从学制来看，斯坦福大学不同于美国的其他大学。在斯坦福，学生们的必修课涉及文化与思想、自然科学、科技与实用科学、文学和艺术、哲学、社会科学和宗教思想等九个领域，既然是必修课，就意味着学生必须完成这些课程。除此之外，学生们的外语口语和写作水平也必须达到一定的标准。斯坦福大学曾经把非西方社会作家的作品纳入校内教材，这无疑是一种大胆的尝试，也引起了学术界的争议。正因为如

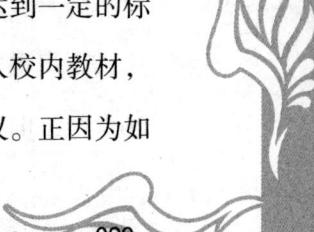

此，斯坦福大学的学生总是有很多课，压力自然也比其他大学的学生大，要想顺利毕业，学生们除了努力学习外没有其他更好的选择。

其次，斯坦福大学的建筑同样别具一格。黄砖红瓦的楼房、17世纪西班牙的传道堂式建筑，整个校园风格沉稳统一，流露出浓郁的文化和学术气息，完全不似哈佛、耶鲁等年代不同、风格各异的楼房。中心广场是斯坦福的主要部分，商学院、地学院、教育学院、工学院、法学院、医学院等分布四周。向外是科学园区、植物园、高尔夫球场以及若干个科学试验场。而整个校园的设计师，正是著名设计家弗莱德里克·欧姆斯泰德，其最为人称道的传世之作就是纽约曼哈顿的中央公园和旧金山的金门公园。

斯坦福大学中不乏著名建筑，比如说胡佛纪念塔。单从名字我们就可以看出，这是为纪念美国第31任总统赫伯特·克拉克·胡佛而建立的，他对斯坦福的发展做出了巨大的贡献。纪念塔下面还设立了展览室，专门介绍他的生平事迹。胡佛纪念塔堪称斯坦福的地标性建筑，于1941年建成，当时正值斯坦福大学建校50周年。胡佛纪念塔每天只接待200位访客，对于参观的游客仅象征性地收取少量费用。

另外，斯坦福纪念教堂也是斯坦福大学的著名建筑。1903年，斯坦福夫人为怀念斯坦福先生，建造了这座美丽的教堂。20世纪，旧金山发生了两次大地震，教堂钟楼和外墙上的精美马赛克受到了严重的损毁。1989年大地震之后，为修复教堂受到损坏的部分，斯坦福大学将之关闭了整整4年。如今，纪念教堂只在工作日的白天向游人开放，不收门票。

斯坦福大学培养优秀学生的名声早已远播，在校生通常只要发一封E-mail，就能得到参与科研工作的机会。当然，优秀的学生来自科学的教育体系，这都归功于斯坦福大学全球闻名的EPGY教育体系。

说到这里，我们不能不谈一谈斯坦福的教师队伍和师资力量。据1995年的相关资料显示，斯坦福大学当时拥有1300多位教授，其中包括10位诺贝尔奖获得者、5位普利策奖获得者，还有142位美国艺术科学院院士、84位国家科学院院士和14位国家科学奖得主。这样堪称豪华的教师队伍，培养出来的学生当然也都非常优秀。当年，有近百位的斯坦福学子获得了罗德奖学金，其中包括美国第42任总统威廉·杰斐逊·克林顿，后来他也因此被选送到牛津大学深造。

有人总结斯坦福的成功秘诀，认为首先是专业设置上几乎相当于哈佛大学和麻省理工学院的合集。因为这两所学校的文理侧重各不相同，哈佛侧重文科而麻省侧重理工科，而斯坦福文理兼顾。其次是办学理念，斯坦福既然集哈佛大学和麻省理工学院的长处于一身，自然是既强调素质教育，又强调专业教育。

"自由之风永远吹拂"，这是斯坦福大学的校训，传自16

世纪的德国人类学家修顿。修顿早年的作品本来就富于批判精神，这也正表明了斯坦福大学那种不论历经怎样的文化冲击，依然兼容各种文化、强调个性特点的建校精神。

Google

第二章　聚光灯下的谷歌

- 第一节 谷歌小子驯服资本大鳄
- 第二节 "不作恶"的信条
- 第三节 进入崭新的领域
- 第四节 和想象的不一样
- 第五节 让谷歌成功的十件大事

Google

第一节　谷歌小子驯服资本大鳄

> 所有的迹象都表明，谷歌的这两个家伙简直是做成了一笔梦幻般的生意：他们拿到了修建自己钟爱的搜索引擎所需要的资金，同时还掌握了公司的控制权。
>
> ——戴维·怀斯

俗话说，巧妇难为无米之炊。对于创业初期的拉里和谢尔盖来说，资金的短缺是他们最大的烦恼。没有钱，如何成为"下一代搜索引擎"？没有钱，何谈用技术来改变世界？没有钱，再伟大的梦想也只能沦为空想！

1999年，谷歌的两位联合创始人再次为钱所困，他们决定拿出公司五分之一的股份进行融资，融资额为2500万美元。

经过朋友引荐，拉里·佩奇和谢尔盖·布林与红杉资本的风险投资商莫里茨见面了。两个年轻人对于搜索引擎的描述并没有打动莫里茨，但是，他们眼中熊熊燃烧的创业激情却让莫里茨感到似曾相识。

是的，当莫里茨还是《时代》周刊的一名记者的时候，他在乔布斯和他的创业伙伴沃兹的眼睛里就曾经看到过这样的火花，而当他成为一名风险投资商的时候，乔布斯已经成为一个传奇。说起来，莫里茨之所以加入红杉资本，正是受到红杉资本的创始人唐·瓦伦丁的邀请，而唐·瓦伦丁因为曾把乔布斯拒之门外而后悔不已，并进而对自己识人的眼光产生怀疑。所以他邀请莫里茨加入自己的团队，以便当下一个乔布斯站在自己面前的时候，不致再次错失良机。

唐·瓦伦丁先生这次没有看错人，莫里茨对两个年轻人充满信心，他决定投入2500万美元，以获得谷歌五分之一的股份。

但是，令莫里茨没有想到的是，他的算盘打得再精，竟然也没有算计过这两个初出茅庐的谷歌小子。

拉里和谢尔盖虽然年轻，但是对资本的无情却并非全无了解。红杉资本在投资思科公司后把创始人夫妇赶出门外的故事还在业界流传，这让他们对这个出色的风险投资商更加心怀警惕。为了保护谷歌，两个年轻人在与莫里茨谈判的同时，又与另一家投资商KPCF进行了接触。毫无意外，KPCF也决定向谷歌投资。

尽管两大投资商都想独占谷歌那五分之一的股份，并为此展开激烈的争夺，但到了这个时刻，决定权显然已经不在他们手上了。拉里和谢尔盖提出，两家公司平分这五分之一的股份。

这样的提议把两大投资商都快气疯了，一直以来，企业因为有求于人而一直处于弱势地位，只能听投资商的指挥，投资商什么时候被企业耍得团团转过呢？

但是，风水轮流转，两大投资商的胃口已经被这两个年轻人成功地吊了起来，他们不想错过这个机会，更不愿意把这两个有前途的年轻人拱手让给他人，尤其是当他们听说有人愿意以更高的价格购买谷歌这五分之一的股份时（当然，这个消息是拉里和谢尔盖透露给他们的），两大投资商只好无奈地携手投资，各自获得了谷歌约10%的股份。

事实证明，这两大投资商的眼光没有错，谷歌上市后，他们的股值一路飙升至30亿美元，而两家一共不过投资了2500万美元。可以说，他们的投资获得了巨大的成功。

而作为谷歌的联合创始人，在与资本大鳄的角逐中，拉里·佩奇和谢尔盖·布林这两个年轻人所表现出的勇气和智慧无疑更加令人称道。他们不仅成功地解决了资金难题，更重要的是，他们始终把谷歌掌握在自己的手中。资本是为他们服务的工具，而不是决定企业命运的因素。

很多成熟的创业者都在这样的战役中折戟沉沙，但这两个年轻人却赢得非常漂亮，不由得让人对他们刮目相看。

第二节 "不作恶"的信条

> "不作恶"经常被误解,对我们来说,"不作恶"就是"用户第一"。但是每个搜索引擎都会说自己坚持"用户第一",那么,衡量的标准就是在出现商业利益冲突的时候,你还能否坚持这一点。
>
> ——李开复

谷歌曾有一篇很著名的文章"Ten things Google has found to be true"(Google发现的十大真理)。其中的第六条"You can make money without doing evil"流传最广,Google的官方译文是:"您可以通过正当途径赚钱。"后来,这一条逐渐被简化成"Don't be evil",中文直译为"不作恶"。

当然,关于这句话的出处还有一些另外的说法。有一种说法是,谷歌在2004年上市的时候,在写给股东的公开信中,拉里·佩奇提出了"Don't be evil(不作恶)"的经营理念,并且这样具体解释谷歌的这一理念:"整合全球信息,使人人皆可获得这些信息并从中受益。"

不过，关于这句话的原始出处，维基百科上却另有解释："Don't be evil"最早出自前Gmail工程师、现FriendFeed创始人保罗之口。

不管到底是谁先提出了这样的一个理念，总之，这句话很快就流行起来，并且成为谷歌的公司信条。实际上，对于我们来说，"不作恶"也应该是我们为人处世的底线，假使我们暂时还无法做到时时处处帮助别人，那么我们起码可以管好自己。进一步说，如果一个社会人人都能够严格约束自己，那么我们无疑将营造一个美好的世界。

也许正是出于同样的考虑，拉里·佩奇有一次说，在他看来，"不作恶"这样的提法非常好，比"做好事"什么的都要好，它促使你时刻警醒，每当你要去做一件事情的时候，这样的一个信条都会提醒你思考：我这样做，是否符合"不作恶"的理念？

可是，作为一家企业，利益是亘古不变的追求，尤其是像谷歌这样的全球知名企业，要持续保持增长势头、保住领先地位，就必须不断开拓创新，不断竞争进取，这样一来，就不可避免地与其他企业展开争夺。显而易见，市场就那么大，有了谷歌这样强有力的竞争对手来分一杯羹，其他企业就得不到那么多，他们因此对谷歌的"不作恶"原则不以为然也就在情理之中了。

例如苹果的创始人乔布斯就对谷歌的"不作恶"信条嗤之

以鼻，因为在他看来，苹果并没有涉足谷歌所在的搜索引擎领域，但是相反，谷歌却在手机产业里高歌猛进，而且很明显，他们推出免费的安卓手机操作系统，就是针对苹果的iPhone而来，甚至在乔布斯看来，安卓的推出完全是谷歌抄袭了苹果的创意。"谷歌的所谓'不作恶'信条完全是胡扯。"乔布斯毫不客气地对谷歌进行指责。

谷歌当然不承认抄袭了苹果的创意，两位创始人虽然在感情上十分敬重乔布斯，但涉及公司的利益，他们可不会因为个人感情而对苹果有任何心慈手软之处，毕竟，商场如战场，一念之差，有可能让自己满盘皆输。所以，他们宁可让乔布斯怒火中烧，宁可让别人觉得他们忘恩负义，也不能放弃与苹果的竞争。

不仅如此，谷歌与苹果之间的竞争甚至有愈演愈烈之势。除了推出安卓操作系统与苹果打擂台赛外，2010年1月，谷歌还推出了第一款自有品牌智能手机Nexus One。和iPhone一样，这款采用安卓2.1操作系统的手机使用的也是触摸屏，不过它的屏幕比iPhone还要大一些，而这一点，也正是iPhone令人感到不那么完美的一个地方。

此后，双方的争斗，围绕着平板电脑、移动互联广告和数字电视领域全面展开。即使是真正的师生，到了这虽不见刀光剑影但却同样惊心动魄的战场上，也只能竭尽全力去争取更大的成功，至于这样做是否算"作恶"，也只能见仁见智了。

当然，即便是谷歌自己的员工，对于"不作恶"这一理念也有各自不同的理解。李开复在担任谷歌中国CEO的时候，在一次接受《南方周末》的专访中，曾经谈到过自己对"不作恶"的理解。

在他看来，能够为用户提供公正客观、完整准确的回答，对于谷歌来说，实际上就是对"不作恶"原则的一种坚守。这样的回答可能会让许多读者感到有些困惑：作为一个搜索引擎，难道这不是必须要做到的一点吗？

作为用户，当我们针对一个我们所关心的问题而搜寻答案时，我们当然希望得到公正客观、完整准确的回答，这是用户的诉求。但对于搜索引擎来说，能做到这一点却并非易事，因为它还需要面对一个重要问题：怎么做才能盈利？有些时候，我们搜索后得到的答案，是根据广告客户的付费多少而进行排序的。

谷歌当然也需要面对这样的矛盾，不过李开复表示，三个原则让谷歌很好地处理了这个问题：首先，搜索结果必须和广告有严格清晰的区分；其次，搜索结果的页面绝对不能被广告所充斥；第三，在搜索结果的页面中，左侧显示的是自然搜索结果，它绝对不能受到任何经济利益的影响。这样三条原则，保证了谷歌永远把用户的利益放在第一位。而这一点，在李开复看来，就是对谷歌"不作恶"原则最好的诠释。

当然，每一个搜索引擎都声称自己把用户的利益放在了第一位。不过，所谓空口无凭，检验的标准，就是当商业利益和自然搜索结果发生冲突的时候，你如何去选择。如果你依然能坚持给客户公正客观的搜索结果，那么你才有资格说，你把客户的需求和利益放在了第一位。

说到客观公正，李开复认为，搜索引擎在这一方面甚至比传统媒体做得还要好。在他看来，传统媒体上的稿件是经记者、编辑加工后呈现在读者面前的，在加工的过程中，难免会掺杂个人的感情因素。搜索引擎则完全可以避免这一点，因为它是由机器进行排序的，除了非法及不良信息，人为的干预应该完全不存在。李开复认为，一旦掺杂人为的干预，那么就意味着你在背离客观公正的道路上越滑越远。

公平公正，客观准确，这是一个好的搜索引擎必须要具备的特质。当然，在李开复看来，仅有这些还不够，除此之外，它还要能够及时把最新的信息提供给用户，同时，信息不仅要完整，而且要多元化。李开复认为，对于谷歌来说，未来要实现的非常重要的一点就是多语言化，这也就意味着，当你用中文输入搜索关键词时，显示的结果除中文信息外，还有相关的其他语言的信息，这是谷歌未来要实现的目标。

尽管谷歌人对于谷歌的"不作恶"信条倍加推崇，但实际上，人们对此的反应仍然是褒贬不一。

第三节　进入崭新的领域

> 野心是我们文化中非常重要的一部分。
>
> ——谢尔盖·布林

拉里和谢尔盖曾入选美国《财富》杂志"最让人嫉妒的25个人"排行榜。榜单上，企业老板、厨师、牧师、服装设计师、经济学家、作家、电视制作人等都榜上有名，而拉里和谢尔盖则并列荣登榜首。

那个时候，两个年轻人虽然只有30岁出头，但是在网络和软件的世界里，却像篮球界的"天神"迈克尔·乔丹一样神奇。比如拉里，他还曾入选《福布斯》杂志公布的"2013年美国40岁以下最具影响力的CEO"榜单，并且荣膺榜首，被誉为"梦想狂人"。的确，每当拉里想出一个别人看来疯狂的创意，脸上都会露出儿童般的笑容。而熟悉拉里的人都会说他风度翩翩，幽默却低调，为人谦卑，也不乏自信。

谷歌成立以来，不论批评与赞赏，他们都习惯了将外界的目光当作审视自身的方法，这促使他们每一步都迈得坚实有力，这也让他们赢得了许多人的信任和欣赏——

《纽约时报》曾刊登专栏文章，指出：

"有一家公司，他们96%的营收额度都是来自广告，他们有一个视频平台，有一家制片厂和众多明星，目前正在和美国职业篮球联盟接洽，而且他们现在还在开发一种订阅服务，要将全世界的出版商和消费者都集成到这一'即插即用'的系统中来。"

大家纷纷猜测，"他们"是谁？时代华纳？新闻集团？维亚康姆？

都不是，正确答案是谷歌。

尽管从这段描述来看，谷歌像极了一家媒体公司，但是谷歌的高层们并不承认这一点，理由是，他们不参与任何形式的制作与生产，他们仅扮演组织者与管理者的角色。现在，越来越多的迹象表明，也许这仅仅是谷歌的一种说辞，事实上，谷歌正在进入一个崭新的领域。

可能仍有人对此感到不理解：即便谷歌真的进入媒体行业，那又有什么不同呢？

在网络时代，传统媒体的日子并不好过，对于这一点，想必大家都很清楚。而对于谷歌来说，它当然想给使用者提供更丰富的内容，但问题是，如果传统媒体日渐凋落，无法提供更新鲜更全面的资讯，谷歌又到哪里去进行搜索呢？所以，一直以来，谷歌花费了大量的时间和金钱，致力于帮助传统媒体坚持下去。

不仅如此，谷歌还对自己的搜索运算法则进行了一些改造，以避免出现在页面上的都是平淡乏味的内容。这也就意味着，虽然计算机执行了搜索程序，但是最后呈现在使用者面前的结果，是经过人为调整的，也就是说，在搜索进行到最后的时候，有人充当了传统媒体中编辑的角色。

而谷歌之所以如此重视内容，当然，还是为了它最后的指向——广告。没有广告，何谈赚钱？但是谷歌也意识到，没有丰富的内容平台，广告也不会有好的效果，因为没有人会单纯为了看广告而进入搜索页面。所以谷歌提出这样的口号："我们确实有责任培育一个健康的网络生态系统。"很多人都认为，这样的口号听起来不像出自一家科技公司，而更像来自一家媒体。

事实上，对于一些大型企业来说，为了使核心业务更好地发展，拓宽领域甚至进入一个新的领域都不是什么稀罕事。尤其在这样一个互联网产业飞速发展的时代，媒体公司和科技公司之间已经很难划清界限，比如，苹果目前就力图将媒体行业拉入自己的iPad订阅计划。不过，对于科技公司来说，像传统媒体那样创造内容毕竟比不上开发软件那样驾轻就熟，很大程度上，他们还只是内容的"搬运工"。但是他们也有自己的优势，就是在内容分发方法上，他们的成本相对于传统媒体更低，舒适度也更高。

谷歌首席经济学家范里安曾十分坦率地表示，虽然谷歌正在做媒体分发的业务，但是谷歌并不擅长创作或者说制造那些"内容"。范里安感叹："媒体生意可不好做。"不过，尽管谷歌在过去十几年中一直避免卷入其中，但是浪潮如此，他们也很难置身事外，只不过在更进一步涉入其中前，谷歌还需要仔细评估。

而针对谷歌在2007年与美联社（Associated Press）、法新社（Agence France-Presse）、英国新闻协会（Press Association of Britain）和加联社（Canadian Press）等四家新闻机构签署合作协议，"谷歌新闻网站将不仅提供新闻链接，还要刊登其新闻内容"的举动，也有网络评论称，谷歌进军新闻领域，要从新闻中获得更多广告收益，已是不争的事实。区别只在于，谷歌尚未自己"创造"内容。

很多人对谷歌"刊发重要新闻原文"的做法鼓掌叫好，因为这让原创新闻登上了一个更广阔的舞台，使更多的人能够看到它。尤其是对于一些当时尚未开通自己网站的新闻机构来说，谷歌这样的做法无疑能够帮助他们提高知名度。

第四节　和想象的不一样

> 如果你想永远做个雇员，那么下班的汽笛吹响时，你就可以暂时忘掉手中的工作；如果你想继续前进，去开创一番事业，那么，汽笛仅仅是你开始思考的信号。
>
> ——亨利·福特

1999年1月，拉里和谢尔盖在接受一家德国杂志专访的时候透露，当时谷歌的全职员工只有5名，身为老板的二人，主要的工作职责之一竟然是"倒垃圾、给员工拿盒饭、检查工作电话是否正常、订购工作电脑等一系列琐碎的事情"。到了2月，公司搬进新的办公室，员工人数增加到8名，虽然条件依然简陋，但总比原来好一些。一张乒乓球台成了正式的会议桌，不过它占据的空间太大，使得员工在办公室里几乎无法转身。一个人要是想出去，所有人都得站起来挪开椅子，才能腾出通道。但是，随着公司的各项业务都在逐渐发展，员工的招聘仍然在继续。

作为世界上最著名的搜索引擎公司之一，谷歌如今已成为许多年轻人心目中的"圣地",相信他们也曾无数次地想象过在此工作的情景。在多数人的想象中,谷歌的每个员工都在用秒表计算着工作,甚至在他们的眼前清晰地浮现出每个人都埋头苦干的场景。虽然这样的想象合乎情理,但遗憾的是,我们都错了。跟当初一间旧公寓、几张破木板拼成的桌子相比,如今谷歌的工作环境甚至可以用"腐败"来形容。配备救生员的迷你泳池、可供员工往来于不同办公室的滑板车、公共休息室的台球桌、沙地球场、视频游戏……这些平时需要在几个地方才能都玩到的活动,只要走进谷歌的大门就统统可以体验到。

谷歌非常注重为员工建立良好的工作环境,每个员工的办公桌上都有至少两台大屏显示器,而每间办公室也只有4到6名员工办公,充足的个人空间更有利于精力集中;员工可以随心所欲地布置自己的区域,使个人空间更加轻松舒适。每天,员工随时都可以到餐厅用餐,品味顶级厨师打造的美食,种类丰富,营养美味又能补充身体所需。餐厅不仅整洁宽敞,而且挂在餐厅墙上的一幅幅装饰画均出自谷歌员工之手。

谷歌的高层显然非常清楚,让员工保持良好的状态是非常重要的。如果你累了,有隔音"太空舱"可以让你清清静静地休息一会儿,还有专业的按摩师可以帮你消除疲劳。

除此之外,还有很多别出心裁的设施存在于谷歌的每一个角落,比如说,公司随处可见的涂鸦板,是为了大家及时记录自己的想法,一位谷歌的产品经理对此表示:"你坐在办公室时，灵感并不一定会来；或许就在你走动时，灵感就会不期而至。"

你需要换个发型吗？谷歌与专业发型设计师签有合约，员工理发可以打折。

如果上班的时候你放心不下年幼的孩子，员工子女托管中心可以为你提供全面服务，当然，里面还有各种玩具。

你敢带着心爱的宠物上班吗？这在许多地方是员工连想都不敢想的事情，但在谷歌却是被允许的。

在谷歌，有一个贴心的小设计让人感到格外温暖，那就是办公楼的每个楼层都设立了一个电话室。而每一台电话机都安装在经过装饰的小屋子里，这样谷歌员工可以更方便地处理私人事情而不被打扰，而且这也有利于保护个人的隐私。

对了，万一这些IT精英们的电脑坏了可怎么办呢？技术人员24小时待命，计算机或其他数码产品随时可以送过去检修。而且，在等待的过程中，你还可以来一杯咖啡细细品尝。

在谷歌的美国总部，员工没有制服、职业装的约束，想穿什么就穿什么，甚至老板的桌面也是一团糟，有时上面竟然还堆着一些儿童玩具。这样的工作、这样的生活，曾让不少慕名前来采访的记者都大跌眼镜。

第五节 让谷歌成功的十件大事

> 我关注的是长期盈利能力。
>
> ——谢尔盖·布林

时至今日，我们已经可以肯定，作为一个搜索引擎，谷歌是相当成功的。没有人能够否认，谷歌是IT历史上最成功的公司之一。我们可以想象，谷歌的成功绝非偶然，也绝非一日之功、一人之功，加上多种因素的叠加，才有了我们今天所看到的谷歌。那么，谷歌究竟做了些什么，使它取得了这样辉煌的成绩？对此，有媒体梳理总结谷歌成功的十个原因：

第一，当然是搜索。

谷歌的两位联合创始人拉里和谢尔盖创办谷歌的时候，目的很单纯，就是要发展他们的搜索引擎技术。谷歌的出现，给这个行业带来了革命性的变化。而谷歌经多年的发展，已经成为搜索领域的"龙头老大"。

第二，给互联网广告带来革命性变化。

在线广告并非谷歌首创，这一点并无疑问，不过，将搜索系统与广告结合起来，创造一个独特的"有广告的搜索系统"，却绝对是谷歌的创举。经过多年的完善和推进，如今，谷歌的广告系统已经将绝大部分的互联网广告收入囊中。

第三，"我不需要你"的心态。

对于一个网站来说，浏览量似乎是衡量其优劣的一个重要指标，因此，许多网站用尽一切办法，希望把人们停留在其网站上的时间延长、再延长。但是，谷歌对此却并不认同，这也许因为谷歌致力于搜索，因此人们只需从一个搜索结果转到另一个结果，而不必停留在谷歌的网页上。不管怎么说，这是一种独特的心态。

第四，虚心受教。

谦虚使人进步。谷歌虽是业界老大，但也不是不会犯错。不过，谷歌的可贵之处就在于，他们从不以"老大"自居，只要认为别人批评得有道理，他们就会虚心接受，并及时改正。这让谷歌不断前进并广受好评。

第五，做环保领域的领导者。

这是绿色和平组织对谷歌的评价。因为谷歌一直遵循绿色环保理念，从投资风电厂，到努力减少耗电量，谷歌对保护环境一直身体力行。

第六，不断的技术创新。

在技术创新方面，谷歌的脚步从未停止。过去的十几年中，几乎对所有先进的技术，谷歌都进行了投资，从无人驾驶汽车到太空旅游，从谷歌眼镜到影像识别软件，谷歌的创新包罗万象。这让人们对谷歌的下一项技术创新永远充满期待。

第七，与恰当的伙伴建立合作关系。

谷歌相信，与合作伙伴的密切协作，是使自己多年来一直走在移动市场前列的主要原因。谷歌的合作伙伴包括苹果、三星，多年来，他们密切合作，不断提升各自的品牌形象并让自己的产品受到市场的欢迎。

第八，永远不像一个垄断者。

虽然总有人批评谷歌是一个垄断者，实际上，美国和国外的政府商业监管部门也曾对谷歌进行过审查，但是，多数情况下谷歌避开了反垄断调查。很多IT企业因这种调查而焦头烂额，比如微软。在这方面，谷歌做得似乎更好一些，它总能让自己看起来不像一个垄断者。

第九，让股东满意。

像谷歌这样大规模的公司，成功的关键因素之一就是要让股东满意。因为没有人不喜欢看到自己手中的股票价格持续上涨，这种兴奋与喜悦容易让人忘记许多这家公司做过的错事。

第十，更好的"苹果"。

毫无疑问，谷歌和苹果都是非常成功的公司，它们普遍受到消费者的追捧。但是，很多人对苹果严格的保密措施以及它强制性地让人接受它的游戏规则而感到不满意，认为它骄傲自大，高高在上。相反，谷歌则显得亲民得多，因此有人说，谷歌是更好的"苹果"。

Google

第三章　那些奇人　那些轶事

- ■ 第一节 "校花"的任职经历
- ■ 第二节 高管眼中的未来
- ■ 第三节 "安卓之父"安迪·鲁宾
- ■ 第四节 又一位CEO
- ■ 第五节 那些鲜为人知的奇闻趣事

Google

第一节 "校花"的任职经历

> 找个你感觉非常舒服的工作环境,因为这将有助于你进行工作。
>
> ——玛丽莎·梅耶尔

玛丽莎·梅耶尔,1999年毕业于斯坦福大学,获计算机科学硕士学位。当时,选择理工科的女孩儿并不多,像玛丽莎·梅耶尔这样主攻人工智能专业的女孩儿则更少见。不过,千万不要以为这位时年24岁的理工科姑娘容貌不佳,恰恰相反,她是斯坦福大学公认的校花,拥有傲人的身姿和姣好的面孔。还没毕业,便有十几家用人单位热情地向她伸出橄榄枝,其中不乏卡内基·梅隆大学、麦肯锡咨询公司、甲骨文公司等知名企业。而玛丽莎自己则有些犹豫,她既倾向于去麦肯锡公司,又想日后留在大学任教,这让她一时拿不定主意。

一天晚上,玛丽莎正坐在电脑旁,边吃晚餐边查看自己的电子邮件。忽然,她发现了一封主题为"请来Google工作"的邮件。对于这种不请自来的招聘邮件,玛丽莎一直视为垃圾,于是她打算直接Delete(删掉),但俯身时不小心碰到了空格

键，就这样邮件被打开了。读过邮件，玛丽莎突然回忆起一件事，对于拉里和谢尔盖这两个"怪人"，自己其实早有耳闻。

那时候，玛丽莎正在准备一篇关于网页搜索的论文。于是，她的老师向她提起宿舍楼上有两个学生也在做类似的研究，建议玛丽莎找时间跟他们交流一下。谁知，对于斯坦福的博士，玛丽莎并没有什么好印象，在她的眼里，这群"喜欢踩着轮滑鞋在校园里窜来窜去，喜欢拿比萨做早餐"的男生不仅不讲卫生（因为他们经常不洗澡），而且没有礼貌（因为他们在过道里撞到你时从来不说"Sorry"），所以玛丽莎当时并没有听老师的话去找那两个师兄。虽然未曾谋面，但这两个人的名字在她的记忆里还是留下了痕迹，如今这封不请自来的邮件，一下子勾起了玛丽莎的好奇心，她决定以应聘者的身份去拜访一下这两个已经开始创业的"怪人"。

当然，面试的主考官正是拉里和谢尔盖。即便是到了今天，谷歌已经发展成为拥有两万名员工的世界知名企业，有专门的机构和人员负责考核前来求职的应聘者，但是，每当有重要的求职者叩响谷歌的大门时，拉里和谢尔盖仍坚持由他们中的一个人亲自进行面试，而这个人通常是拉里。

不过，在对玛丽莎的面试中，拉里表现得十分沉默，反倒是谢尔盖以招聘一名工程师的标准和程序，对玛丽莎进行了一个多小时的询问。交谈的结果令他十分满意，而在交流的过程中，玛丽莎也对谷歌产生了浓厚的兴趣。于是，顺理成章地，

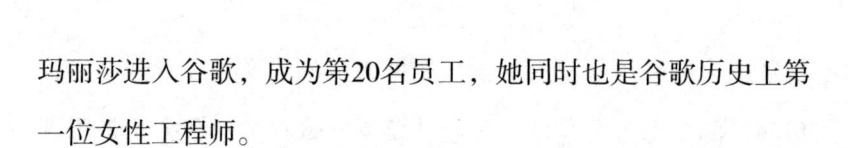

玛丽莎进入谷歌，成为第20名员工，她同时也是谷歌历史上第一位女性工程师。

6月24日，玛丽莎·梅耶尔正式来到谷歌上班。而那一天还是一个对谷歌来说十分重要的日子——曾在浏览器市场占有率最高的Netscape（网景浏览器）把谷歌列为了默认搜索引擎！这固然是好事，可问题也随之而来，原本谷歌只计划接收Netscape 20%的搜索请求，没想到Netscape把全部的搜索请求都发了过来，蜂拥而至的结果是谷歌服务器陷入了瘫痪状态。这样的状况令大家始料未及，手足无措，自然而然地想找他们的"头儿"拉里来解决这个问题，可是四处都找遍了，拉里却始终不见踪影。

直到接近中午的时候，玛丽莎跑到厨房去找吃的，才惊讶地发现了躲在厨房里的拉里，而此时的拉里像个受到惊吓的孩子一样藏在角落里。玛丽莎不会想到，这就是自己第一天上班的工作经历，那天她一直工作到后半夜才身心疲惫地回到家。

有的书上还记载了这样一个小故事：刚到谷歌参加工作不久，玛丽莎就迎来了斯坦福大学的毕业典礼。这一天，玛丽莎正在做参加毕业典礼的准备。两位老板——拉里与谢尔盖突然现身，只见他们穿着短裤，踩着溜冰鞋，一路滑过来跟玛丽莎和她的父母聊天。聊着聊着，说到了毕业典礼，结果拉里突然说："我好像也是今天毕业吧，我去看看。"说完，又踩着溜冰鞋滑走了。回来时，当时已经在读博士课程的拉里手里拿着他曾因为怕麻烦而没有从学校领回来的硕士文凭。看到这些，玛丽莎的父母万分吃惊，一度怀疑女儿选择的这个公司是否真的那么有前途。

现在我们已经能够肯定，玛丽莎父母的担心是多余的。玛丽莎选择的这家公司不是"有前途"，而是"非常有前途"，而凭借出色的工作能力以及硬朗的工作风格，玛丽莎在谷歌的地位稳步上升，后来更晋升为主管搜索产品和用户体验的副总裁，被《新闻周刊》称作"当代最有权力的女性之一"。除此之外，她还是名副其实的硅谷"女富婆"——Google上市让她瞬间跨入了硅谷亿万富人俱乐部。

尽管有着姣好面孔和曼妙身姿的玛丽莎被公认为"硅谷第一美女"，但她可不是那种徒有其表的花瓶。她不仅具有出色的编程能力，对外观设计的敏感也胜人一筹。我们现在所看到的白色背景配粗体Google的谷歌搜索主页，就出自于玛丽莎的主张，正是在她的坚持下，这种极简的设计多年来一直没有更改过。

玛丽莎不仅工作能力出众，她对待工作的态度更让人无可指责。在谷歌，玛丽莎是个出了名的工作狂，据说她一天只睡4个小时，但仍然精力充沛，毫无倦色，难怪硅谷著名八卦博主Valleywag称玛丽莎为"机器人"，似乎她真的不会疲惫、软弱。

说到"软弱"，谷歌人甚至很少看到玛丽莎温柔的一面,更不用说她的软弱了。作为谷歌的"创意女王",她手里掌握着对所有员工提出的创意"生杀予夺"的大权,加之她对各种产品进行评判时的强硬风格,因此,她又被称为"玛丽莎生死牌"。

其实,无论是"机器人"的绰号,还是"玛丽莎生死牌"的形容,都在某种程度上描摹出了玛丽莎对于工作那种全身心投入的状态。的确,在工作中,玛丽莎总是集中全部精力去解决遇到的问题。在谷歌工作期间,每逢相关会议,通常每个技术团队只有不到10分钟的时间来展示自己的项目。其间玛丽莎总是神情专注,既不接电话,也不收电子邮件。这种认真的态度虽然为她赢得了冷静、精明的名声,但也让"飞扬跋扈""冷酷"的恶名伴随其左右,甚至有人认为她是Google有史以来最令人讨厌的高管。因为会议中的玛丽莎经常是热心与挑剔并存,她总是丝毫不客气地指出错误。对于外界的反响,玛丽莎也只能为自己的苛刻辩解说:"谷歌每年都需要招聘大量新人,必须有人告诉这些新员工在谷歌应该怎样做事。"

追溯玛丽莎的成长经历,也许我们能从中发现她成为"女强人"的蛛丝马迹。玛丽莎生长于美国威斯康星州的一个小城。幼时的她就学习成绩优秀且多才多艺。上中学时,她曾是学校辩论队的明星辩手,并且获得过州辩论赛的冠军。除此之外,兼具智慧和美貌的玛丽莎当时还是学校的啦啦队队长和芭蕾舞高手。但是,她的理想与这些才艺并没有关系,她希望自己未来能够成为一名医生。日后，她那难以描摹的如同芭蕾舞演员一般的夸张姿势、工作时的面无表情和过目不忘的记忆力，也都被认为是其形成傲慢、孤僻性格以及在职场上强硬作风的直接原因，这些与她的生活和爱好息息相关。据说，玛丽莎曾经用了整整一个下午跟人辩论一个棒球场的边到底有多长。

玛丽莎·梅耶尔，就是这样一个与众不同的女子。加盟谷歌初期，她不但自己亲自参与编程，还负责开发设计领导用户界面和网页服务器。这无疑是一项极其重要的工作，对此玛丽莎也从不遮遮掩掩，她曾经在一个讲座上直言自己就是谷歌的门面，代表着谷歌的公共形象。不过，这绝非夸大其词。

这样一位职场女性，完全可以用"叱咤风云"来形容。谷歌对于玛丽莎的影响至今都可谓深远。玛丽莎总结了职场经历带给自己的感受，分享给正在或准备步入职场的"后辈们"：

首先，你的工作环境要让你感觉心情舒畅，这是很重要的一点，因为只有心情愉悦，你才能认真工作。当然，这种"愉悦"不仅指主观上的感受，也包括客观环境的影响，比如领导作风民主，同事关系融洽，这样，你才能够把所思所想毫无顾忌地表达出来。这样的地方，无疑值得你留下。

其次，要有让你成长与进步的条件。例如，要有一个具有较高理论水平和技术能力的师长来指导你的工作，对你的成长不断提供有益的意见和建议，让你的能力得以稳步提升；要有

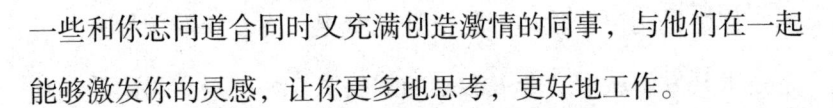

一些和你志同道合同时又充满创造激情的同事，与他们在一起能够激发你的灵感，让你更多地思考，更好地工作。

最后，别让倦怠侵蚀你的工作热情。身在职场，常常听到有人抱怨工作忙碌，以至于没有时间睡个好觉，没有时间休闲娱乐，也没有时间陪伴家人，因此他们心生疲倦，失去工作的激情。对此玛丽莎认为，人应该学会分析对于自己来说什么才是最重要的，是娱乐，还是工作。只有认清了这一点，人们才不会埋怨，不会倦怠，永远保持着一种昂扬向上的勇气。

在谷歌任职的多年来，玛丽莎一直是出镜率最高、最受器重的高管之一。她曾直接管理着200名谷歌经理，并间接管理约3000名软件开发工程师。她的主要成就有设计与开发谷歌搜索界面、将谷歌推广至100多种语言版本、定义谷歌资讯、Gmail和Orkut，同时在自己的老专业——人工智能及界面设计领域获得多项专利，还为谷歌增加100多种功能及产品，包括图片、书籍和产品搜索、工具栏、iGoogle、谷歌新闻等。很多深受谷歌用户喜爱的"观感"体验都是出自玛丽莎。

2012年，玛丽莎·梅耶尔离开谷歌，正式出任雅虎CEO。谷歌执行董事长埃里克·施密特在一封电子邮件中充分肯定了玛丽莎的才华，他称玛丽莎·梅耶尔是"一名出色的产品专家，极具创新性，是真正的完美主义者"，他还表示，"我个人非常高兴看到又一名女性成为科技公司CEO"。

雅虎联合创始人大卫·费罗同样对玛丽莎·梅耶尔赞赏有

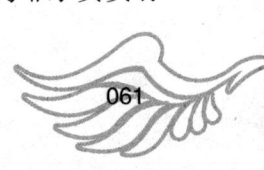

加，称她是用户体验和产品设计领域里"有梦想的领导人"，是技术开发领域中"令人激动的战略家"，并对与玛丽莎·梅耶尔的合作充满期待。对于雅虎的青睐，玛丽莎·梅耶尔表示自己深感荣幸。

至此，玛丽莎·梅耶尔结束了"谷歌甜姐"的生涯，开始向"雅虎铁娘子"迈进。

第二节 高管眼中的未来

> 我们选择的是漂亮的地方，可是地球上大多数群岛附近的珊瑚已经死掉了。它们就像是旧混凝土，没有鱼，都死光了。
> ——迈克尔·琼斯

作为谷歌的高管，迈克尔·琼斯是谷歌的"首席技术倡导者"。也许作为普通消费者，我们对他并不熟悉，但是提到"Google Maps"（谷歌地图），想必每个人都有所耳闻。

谷歌公司从2005年6月起推出电子地图服务，最初它的覆盖范围只包括美国、英国及加拿大三个国家。到2005年6月20日，谷歌地图的覆盖范围竟然扩大至全球，由此可见谷歌在地图方面的实力非同一般。

这种电子地图既包括矢量地图，也涵盖了卫星照片以及能用来显示地形、等高线的地形视图。而随着版本的更新，谷歌地图的功能愈加强大。2010年11月30日，谷歌正式推出最新版地图服务"谷歌地球6.0"，它的亮点就在于整合了街景和3D技术，因此让用户的浏览体验更逼真，受到世界各国用户的喜爱。而且谷歌地图可以应用于各种操作平台，真正实现了实用又方便的目的。而所有这一切，跟这位高管——迈克尔·琼斯——密不可分。

迈克尔·琼斯本来是Keyhole公司的联合创始人兼首席技术官。Keyhole公司的总部位于美国加州山景城，是一家从事数字地图测绘的公司。2004年，谷歌收购了Keyhole公司，利用Keyhole的技术着手打造谷歌地球。对于这次收购，谷歌负责产品管理的副总裁乔纳森·罗森伯格表示，"收购Keyhole公司将使谷歌用户拥有一个既新颖又功能强大的搜索工具，使用户可以看到地球上任何地点的三维图像。Keyhole对于谷歌来说是一个很有价值的补充，它使谷歌能够更好地组织世界各地的信息并使之更加有用。"

Keyhole公司被谷歌收购之后，顺理成章地，迈克尔·琼斯成为谷歌高管层中的一员。迈克尔之前还曾经是著名游戏软件开发厂商Intrinsic Graphics公司的CEO，进入谷歌以后，他开始负责信息组织技术的开发，后来，他还曾出任谷歌地图、谷

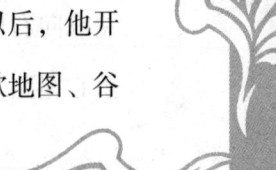

歌地球和本地搜索业务部门的首席技术专家。为了使谷歌的技术保持在世界领先的地位，迈克尔·琼斯就像个空中飞人一样，在世界各国之间飞来飞去，会晤各国政府及商界著名人士，与谷歌的合作伙伴及客户保持密切的沟通，以便及时了解业界动态和客户需求。

迈克尔·琼斯在接受美国《大西洋月刊》记者采访时，曾谈到过"地图"这个概念在谷歌产品中发生的变化及发展，迈克尔说："'地图'在过去的十年中主要是变得更加个人化，但这并不表示是地图的本身发生了变化。因为你会发现，1940年的地图和现在最新版本的谷歌地图并无两样。"那么，这种人性化到底体现在哪里呢？在迈克尔看来，就体现在地图不再是一张固定的纸，你可以选择一处随意地放大或缩小，你也可以选择街景或卫星等不同的模式，你甚至可以只在地图上选择你的目的地，地图会告诉你如何到达那里。好像先进的技术让地图"活"了起来，使它能够与你进行"对话"，解答你的疑问，这无疑是一个巨大的改变。

至于未来的发展，迈克尔·琼斯认为，人与地图的互动将更加私人化。比如说，通过可以佩戴在身上的计算机，或者通过特殊的眼镜，地图可以让你直接看到你行进的路线；通过智能化的手机，你可以听到地图对你的提示，你只需按照指示向左或向右就可以了。即便是在一个完全陌生的地方，你也不用担心迷路，哪怕是在老北京迷宫一样的胡同里，你也可以像个本地人一样表现得轻车熟路。

到了那时，即便身在异国他乡，你也不用太担心，因为地图可以自动将路标翻译成你所使用的语言。迈克尔·琼斯认为，由于谷歌搜索和地图的出现，人们的智商相当于在某种程度上提高了20个单位。不过，迈克尔·琼斯遗憾地表示，很少有人将这种提高归功于谷歌，相反，他们认为自己真的更聪明了。这是因为他们能够依赖这些工具。当然，一旦这类工具数据失准，体验自然会差强人意，他们会备感失望，那种感觉就好像"自己五分之一的大脑被切除"了一样。

说到地图的向导作用，我们自然而然会联想到汽车上安装的车载GPS语音导航，那么，谷歌地图是否可以代替GPS了呢？迈克尔·琼斯虽然没有给出明确的答案，但是从他话语中却流露出相当强烈的自信。他称谷歌地图是"最全面、最权威、最有用的地图解决方案"。不过，这还并非谷歌的全部，对于谷歌未来的发展蓝图，迈克尔·琼斯使用了这样一个句子来概括："'地图词典'将会促使新的文学作品诞生，它正在创作当中。"

如何理解这句话呢？我们不妨来看看迈克尔·琼斯为我们描述的场景：你正沿着街道行走，正在这时，你的手机传来谷歌地图的提示，它告诉你，在你的左前方，有一家方圆500英里范围内评价第一的希腊餐厅。也就是说，谷歌地图不仅了解你的喜好，还能够根据你所在的位置，针对这些喜好自动进行

搜索。无论你走到哪里，谷歌地图都像一个居住在当地的老朋友，陪伴你，指引你，让你即便是走遍全球也不会迷路，这样的旅行，轻松愉快，难道不是一种享受？

事实上，这些年来，迈克尔·琼斯自己就一直在进行环游旅行，无论他走到哪里，都会尽可能地向当地政府和市民宣讲地图的作用。作为一名工程师，曾令他和他的团队感到惊讶的是，人们对地理并无兴趣。在学校里，小学生只需在地图上标注颜色来区分海洋和陆地，而即便如此简单，地理仍然是一门很不受欢迎的课程。曾有一份报告称，在美国，约20%的小学生在地图上甚至连太平洋都找不到。

这一切，都让迈克尔·琼斯和他的团队觉得太不正常，于是他们决心要解决这个问题，使学习地理的过程更加有趣。

通常情况下，以卫星图像的形式看地球都是间谍机构或军方人员一向"乐于做"的事情。这让迈克尔·琼斯想到，如果人人都能做到那一点——能够看到酒店在哪里、看到沙滩的位置、看到房屋是不是在公园或者教堂附近，或者找一找自己的家乡和父母的家、回忆曾经留下美好回忆的地方，那么，人们是不是会对地球、对了解地球充满兴趣呢？

事实证明，用这种人们不熟悉的方式将地球呈现在人们的眼前，这确实是一个巨大的创新。

迈克尔·琼斯的父亲已经有80多岁了，当他想更多地了解儿子的工作时，迈克尔向他展示了谷歌的水下街景功能。他带着父亲"潜入海底",去看珊瑚、海龟和鱼。

迈克尔·琼斯清楚地记得,当时父亲说:"儿子,这很漂亮。"面对从未潜水过的父亲,迈克尔决定实话实说。他告诉父亲,之所以他看到的海底世界如此漂亮,完全是因为谷歌的选择,实际上,像这样漂亮的海底世界已经不多了,由于环境的日益恶化,大多数群岛附近的珊瑚看起来都像旧的混凝土一样,不仅失去了靓丽的颜色,而且也失掉了生命力。没有成群结队的鱼在珊瑚间游来游去,它们也都快死光了。迈克尔的话让父亲不停地叹息,眼前的美景与残酷现实的强烈对比,让他意识到了保护海洋、保护地球有多么的重要。

所有的这一切都让迈克尔·琼斯更加坚信,必须让人们采取行动保护地球,不论这些行动是主动的,还是被动的。而随着全球越来越多的人在自己的电脑上安装谷歌地球,迈克尔·琼斯的心愿被更多的人所了解和接受,据统计,目前全球约有10亿人在使用谷歌地球,它在给人们的出行带来便利的同时,也正对许多人的环保理念产生着潜移默化的积极影响。

第三节 "安卓之父"安迪·鲁宾

> 我们的壁橱内放满了100多款手机，然后一款手机一款手机地开发我们的软件。在这种情况下，我们开发出真正优质的移动体验几乎是不可能的。
>
> ——拉里·佩奇

随着智能手机风靡全球，智能手机软件市场风起云涌。最初，苹果独占鳌头。很快，一个小小的绿色机器人的出现，扭转了风向，这就是目前占据全球智能手机操作系统市场最大份额的Android（安卓）系统。

"Android"一词最早出现在法国作家利尔亚当1886年发表的科幻小说《未来夏娃》中，书中外表像人的机器被起名为"Android"。正是出于对机器人的热爱，安卓系统的发明者安迪·鲁宾给这款为智能手机和其他移动设备打造的开源平台取名"Android"，他自己也因此而被称为"Android之父"。

安迪·鲁宾，1963年出生，计算机学学士，曾在苹果、微软工作，后任谷歌全球副总裁，安卓系统也是他领导谷歌取得的最大的成就。

熟悉安迪的人都说他对机器人情有独钟，种子也许就是在幼年时播下的。安迪小时候，主修心理学的父亲开了一家电子器械直销公司。不知道是这些电子器械勾起了安迪的兴趣，还是安迪的爱好在这些器械中得到了满足，反正，每当父亲把拍照后的器械样品慷慨地送给儿子后，它们就都会成为安迪最心爱的玩具。同龄人玩什么安迪根本不关心，他只对堆满自己房间的最新款电子产品感兴趣，他把自己关在屋子里，拆了装，装了拆，反反复复，以此为乐。

人们用英语中的一个俚语"Geek"来称呼沉迷于这种生活状态的人，中文一般译成"极客"。Geek一词也可以理解为"怪胎"，一般是指那些智力超群、善于钻研但性格古怪、不善与人交往的人，比如像安迪这种在常人眼中"令人厌恶的不食人间烟火的有计算机癖的怪人"。很长一段时间里，在西方文化中，"Geek"一直是个贬义意味更多的词语。在PC（Personal Computer，个人计算机）革命初期，Geek则开始演变为人们对电脑黑客的贬称，因为他们掌握着高深的技术，并且对计算机与网络的痴迷会达到不正常的状态。不过现如今，随着互联网的日益普及，那些一直被称为"Geek"的边缘人物却突然"被历史之手推向舞台的中央"，瞬间转变成社会的主流。"Geek"对自己这种"局外人"的身份也感到十分骄傲，甚至像信奉某种宗教一样强烈地信仰科技的力量。

与那些具有传奇经历的领导人一样，安迪·鲁宾也在很多知名公司有过从业经历。1986年，安迪获得纽约州尤蒂卡学院计算机专业学士学位后，加入以生产光学仪器而知名的卡尔·蔡司公司，担任机器人工程师。1989年，安迪来到苹果，在这个管理风格相对随意的地方，一个又一个奇思妙想在他的头脑中浮现。说起安迪与苹果的缘分，这里还有一个美妙的故事：

1989年，安迪·鲁宾来到英国西加勒比群岛的开曼群岛旅游，这里不仅是世界第四大离岸金融中心，还是著名的潜水胜地。一天凌晨，安迪独自在沙滩上漫步，目光所及之处，他发现有个人蜷缩着睡在一把椅子上，样子看起来很可怜。安迪忍不住同情心大发，走上去拍醒他，与他攀谈起来。原来，这个男人和女朋友因某事大吵了一架，结果被女友一气之下赶出了他们居住的海边别墅。出于对他的"不幸"遭遇的同情，善良的安迪不仅安慰了他一番，还热心地为他找了个住处，以便他能安心等待女友回心转意。这个可怜的人也知恩图报，向安迪许诺说要把他引荐到自己所在的公司来工作。这个公司，就是当时正处在全盛时期的苹果公司。

在苹果，安迪主要负责研发工作。苹果推出的首款塔式电脑Quadra以及其他很多具有历史意义的产品，都离不开安迪的努力。而童心未泯的安迪初到苹果，就搞了一次恶作剧：把公司的内部电话系统进行了重新编程。于是，与安迪同组的同事们分别接到了公司CEO约翰·斯卡利亲自打来的电话,在电话中,他表扬了他们的工作成绩,并表示要给他们特殊的股票奖励。同事们喜形于色的样子让一旁的安迪·鲁宾笑弯了腰。当然,根本没有什么CEO电话,更不用说股票奖励,一切都是安迪设计导演的一场游戏。

1990年,苹果把手持电脑和通讯设备部门从本部中分离出来,成立了一家新公司。1992年,安迪加入其中,成为一群遵循"工作就是生活"信条的工程师中的一员。这些人几乎都是不折不扣的工作狂,为了让他们的Magic Cap早日面世,他们仿佛连家都不要了,从早到晚就"钉"在办公室里,废寝忘食,夜以继日。

所谓Magic Cap,就是一款智能手机操作系统和界面。智能手机在今天已经非常普及,它的操作系统和界面也为我们所熟悉,但在当时,Magic Cap的概念对于消费者来说却有些超前。虽然在第一天股票就实现了翻番,但这种良好的势头却并没有持续下去,寥寥数个生产商和通讯公司的勉强接受并不能让Magic Cap在市场上大行其道;而只懂计算机、对产品推广一窍不通的工程师显然无力扭转这种局面。随着Magic Cap被市场随手抛弃,安迪所在的研发团队也因此被迫解体。

正在这时,三名苹果公司的元老级成员成立了Artemis研发公司(Artemis,阿耳忒弥斯,罗马神话又称狄安娜,希腊神话中月亮女神的象征,身为奥林匹斯十二主神之一)。他们盛情邀请安迪加入。就这样，安迪把床搬进了另一间办公室，然后继续他那夜以继日的研发生活。

1997年，Artemis公司被微软收购，像安迪·鲁宾这样技术高超的人才，自然不愁在微软谋得一席之地。在微软期间，安迪创造了很多通信专利，更重要的是，他开始对机器人进行探索，并且一度受到高层的赏识。不过，因为机器人被黑客的一次意外入侵，安迪只能被迫停止项目。

那是一个安迪亲手制造的会走路的机器人，装配有网络摄像头和麦克风。这个机器人在微软四处游荡，随时记录所见所闻。可谁料想，有一天，微软的安全人员突然发现控制机器人的计算机被黑客入侵。幸运的是，黑客当时并没发现入侵的那台计算机能够控制这样一台具有诸多功能的机器人，否则，微软的许多商业秘密就将不再是秘密，这对于微软来说是多么可怕的事情！想想都感到后怕的微软安全小组被这种危险的做法激怒了，于是他们要求微软高层立刻停止安迪的机器人项目。

不知道是不是因为无法再继续心爱的机器人项目（这肯定是其中的一个原因），1999年，安迪·鲁宾离开了微软，开始了自己的创业生涯。他把自己的实验室安置在硅谷的中心城市帕罗奥图，然后继续研发自己从小就喜爱的机器人。

是的是的，你猜对了，他的实验室推出的第一款产品，就是一台具有扫描功能的机器人，因为它的"肚子"上装了一台扫描设备。

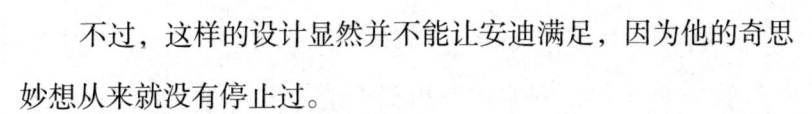

不过，这样的设计显然并不能让安迪满足，因为他的奇思妙想从来就没有停止过。

正因为如此，安迪那间摆满各种机器人的实验室就成了一块磁铁，吸引着和他志同道合的工程师朋友们。他们一聊起来就忘了时间，以至于常常夜很深了，他们还在构思某种新产品，并热烈地探讨开发它的可行性。

最终，他们把下一个目标设定为设计制造一款价格实惠但功能强大的设备，用户可以用它来扫描各种物品，然后把图片上传到网络媒体，以便在网上平台发掘这些物品的相关信息。在他们的设想中，这款设备不过和巧克力条一般大小，价格不过10美元。安迪说，这种设备就像一块"数字化海绵"，通过这种方式和吸引，把人们"吸"回到互联网。

虽然想法很酷，但是现实依然很不给力：还是没有人愿意出钱资助。安迪和朋友们虽然失望，但并未灰心丧气。他们成立了一家公司，名为"Danger"（危险），希望以此来进一步找机会完善原来的发明，并在设备中加入无线接收器和转换器，把它打造成可以上网的智能手机。

说起"Danger"这个名字，仍然和机器人脱不了关系。20世纪60年代，一部名为《迷失太空》的科幻电视剧风靡美国，剧中有一个机器人，每当危险来临时，它就会发出"Danger"的警告。这部电视剧及其中的机器人给安迪·鲁宾留下了深刻的印象，因此，他用"Danger"来给自己的公司命名。

2002年，安迪·鲁宾的人生出现了转折。

这一年年初，安迪在斯坦福大学为来自硅谷的工程师上课，过程中谈到了他们那个设备的研发过程。本来是无意之举，却打开了迎接奇迹的大门。因为在台下的听众席中，坐着两个非同一般的人物——谷歌的联合创始人拉里·佩奇和谢尔盖·布林。这是他们两个第一次与安迪接触。

讲课结束之后，拉里·佩奇特意来到安迪身边查看他提到的那个设备，并惊喜地发现，在这台设备上，谷歌竟然就是被默认的搜索引擎。兴奋不已的拉里由衷地说了一句："真酷。"受到安迪的启发，拉里很快就产生了开发一款谷歌手机和一个移动操作系统平台的想法，也就是这样的想法，最终促成他与安迪的再次接触。

而此时的安迪·鲁宾，也早已不再是那个"两耳不闻窗外事"的"极客"，在创办Danger并担任CEO的过程中，他也完成了自己从工程师到管理者的蜕变。这些都帮助他开始思考究竟应该如何研发一个产品，并从零开始建立一家公司。用安迪的话说："我们都努力去考虑营销策略，那是我第一次考虑营销。"

就是这样的努力，让Danger逐渐找到了将移动运营商和手机制造商利益结合起来的模式。只不过，虽然模式没有错，但公司在这方面的运营却并不理想。于是，董事会决定不再由安迪·鲁宾担任CEO。

对于这样的决定，安迪表示尊重，他还参与了寻找接班人的工作，然后在新的CEO上任之后正式提出辞职。这一切都表明，安迪·鲁宾是一个襟怀宽广的男人，他把自己能做的都做好并做到最后，然后，坦坦荡荡地离开。

在安迪看来，不再担任CEO并不代表什么，仅仅意味着自己完成了在Danger的使命与责任，现在，自己将继续前行。

安迪·鲁宾再一次来到美丽的开曼群岛，在他看来，这里就是他的"福地"，他一待又是几个月。当然，他可没有闲着，实际上，像他这样工作热情仿佛已经融入血液的人是闲不住的，他开始编写软件，目的是研制一款数码相机。遗憾的是，依然没有人青睐他的发明。

这一系列算不上打击的经历，让安迪的意识又回到了研制下一代智能手机的最初想法上。原来绕了一大圈，自己的理想竟然早就在起点等候，而自己却忽略了这一道"风景"。经过慎重的思考，安迪再一次决定成立一家公司——公司的名字叫Android。而"Android.com"也是他拥有多年的一个域名。可见，安迪对于机器人的情结和热衷始终没有减少。

就这样，安迪召集了一帮工程师和产品规划师，目标是开发一个向所有软件设计者开放的移动手机平台。尽管安迪将所有的积蓄倾注在了Android项目上，但他个人的财力显然是不够的，他不得不向朋友张口借钱。他打电话给老朋友珀尔曼——当初创立Artemis的苹果三元老之一，告诉他自己成了穷光蛋。珀尔曼二话不说，立刻从取款机里取了1万美元，直接送到安迪的办公室。后来，珀尔曼又陆续借给安迪累计达10万美元的资金，用来资助Android公司。

很快，开始有风险投资人对Android的开发项目感兴趣，提出收购。安迪灵机一动，一边跟收购者洽谈，一边给拉里·佩奇发了封电子邮件，暗示Android与谷歌合作的可能性。以谷歌的办事效率，加上拉里·佩奇的心动，Android在接下来的短短数周被谷歌迅速并购，安迪本人成功出任谷歌公司的工程部副总裁，继续负责Android项目。

在2005年至2007年期间，Android项目在谷歌一直是一个秘密。这其间，安迪带着100多名同事持续奋斗，还对研发过程中的每个细节都亲自过问。虽然安迪对工作稍显严苛，但是安迪的下属都说，他是个慷慨大方的人。因为每隔六个月，安迪都会在家中为员工们组织一次聚会。第一部安卓手机上市之后，安迪依据合同得到了百万美元的奖励，但他把很大一部分都作为奖金奖励给员工，据说员工们都得到了1万到5万美元不等的奖励，这在谷歌的历史上是破天荒的第一次。

2007年11月5日，谷歌正式对外公布了Android操作系统。到2010年末的数据显示，Android仅正式推出三年，就已经超越称霸十年的诺基亚Symbian系统，成为全球最受欢迎的智能手机平台，并且对苹果和黑莓形成了巨大的冲击，发展劲头势不可挡。

安迪·鲁宾在接受采访时曾经说过："这世界有了Android，就不需要另一平台。"这样的说法并非夸大其词，因为安卓完全是开放的、免费的。这也就意味着，如果你是一名工程师，在理论上来说，只要你有能力，你完全可以为安卓编写新的软件。这样一来，它的发展潜力将无法估量。而如果你是一名用户，它不限制你使用任何功能与服务，就如同使用电脑上网一样，你会享有很多权利。

2013年3月，谷歌发布了安迪·鲁宾卸任Android业务主管的消息。对领导谷歌这个搜索引擎的"大鳄"开启全新的智能手机时代的人，拉里·佩奇在博客中写出赠言：

"谢尔盖·布林和我第一次听说Android还要追溯到2004年，那时，安迪·鲁宾来谷歌拜访了我们。"拉里说，尽管许多人认为鲁宾难以应付，但他对于开源操作系统的见解，却让自己深深佩服。拉里承认，在他的壁橱里有100多款手机，为这些不同的移动设备各自开发一款适用的软件，无疑是一件令人非常痛苦的事情。而安迪·鲁宾的设想无疑为解决这一难题提供了最佳方案。

时至今日，智能手机领域的各种创新，在速度上已经到了史无前例的地步。但是拉里·佩奇对于安卓的表现仍然十分满意，因为它是全球使用最多的移动操作系统。拉里坦言，它的进展甚至已经超越了最初对它的预期！

而对于安迪·鲁宾的离职，拉里解释称，是因为安卓的管理团队已经非常成熟，安迪完全可以把接力棒交到别人手中，自己再去开创一番新的事业。

"安迪，请带来更多的创新！"拉里·佩奇在这篇赠言的最后写道。而这，也正是我们对这位天才的期盼。

而对于离职，安迪·鲁宾本人则表示："我有创业之心，现在是时候让谷歌翻开新的一页了。"虽然是简简单单的一句话，但蕴藏在其中的勇气和胸怀却令人肃然起敬：谁不想把胜利果实握在自己的手里？谁不知道创业之初有许多意想不到的艰难？但是，安迪·鲁宾坦然接受这一切。

有媒体把安迪·鲁宾和当年的比尔·盖茨相比，认为他们两个人的相同之处就在于，他们的脚"踩在一条宽广的IT未来之路上"。但实际上，两个人的性格并不相同。安迪·鲁宾热爱一切他称之为"酷"的发明，并以一种玩的心态，来享受这样的一个过程，就仿佛一个玩心未泯的天真孩童。对于他来说，也许金钱并不是最重要的。

也许，不管身份地位如何发生改变，骨子里，安迪·鲁宾仍然是一位"极客"，他致力于将最酷的东西展现在人们面前。不仅如此，如果有机会走进他的家中，你会发现，"酷"无处不在：

如果你在他的家中利用家庭影院系统观看一部影片，影片一结束，你就会惊讶地发现，虽然并没有人操控，但是客厅的灯竟然慢慢地亮了起来。

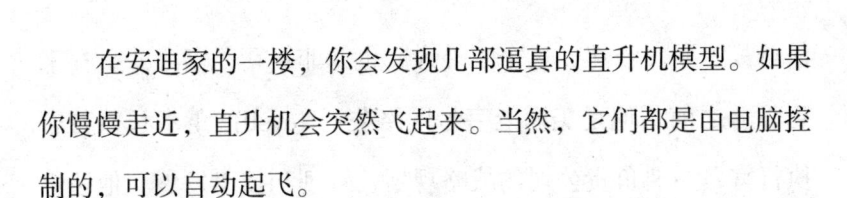

在安迪家的一楼，你会发现几部逼真的直升机模型。如果你慢慢走近，直升机会突然飞起来。当然，它们都是由电脑控制的，可以自动起飞。

你会发现，和我们不一样的是，安迪开门不用钥匙，因为他安装了视网膜扫描仪。同样，如果扫描仪认出了你，它就会自动为你开门。这是不是像美国大片一样酷呢？如果扫描仪不认识你怎么办呢？没关系，可以按门铃。啊，见证奇迹的时刻到了——在安迪家的门厅里，一只机械手抓起一根木棍，缓缓敲向一面很大的锣——咣！

据说，这很有可能就是世界上最贵的门铃。

第四节　又一位CEO

> 他们在各个方面的看法，都与我不尽相同。他们的看法让人搞不清，究竟是令人耳目一新的远见，还是单纯天真的想法。
>
> ——埃里克·施密特

2001年3月，拉里·佩奇和谢尔盖·布林出人意料地聘请了一个"外人"来担任谷歌的董事长，并在同年8月任命其兼任总裁一职。当然，这个"外人"也并非籍籍无名之辈，在来到谷歌之前，他是美国老字号网络公司Novell的董事长兼首席执行官，主要负责公司的战略规划、管理和技术发展。他还曾是苹果公司董事会的成员、卡内基·梅隆大学和普林斯顿大学的理事会托管者。2007年，最卖座的计算机月刊《PC World》评选出"50名最影响网络世界的人"，这个"外人"和谷歌的两位创始人拉里·佩奇、谢尔盖·布林一同荣居榜首。他的名字叫埃里克·施密特（Eric Schmidt）。

这位谷歌新CEO不仅出身名校，拥有普林斯顿大学电子电气工程师学士学位、加州大学伯克利分校计算机科学学士学位和博士学位，而且他的工作履历也十分精彩。大学毕业后，他的第一份工作是在美国齐格洛公司任职，这是一家在IT行业享誉盛名的企业。后来，他又进入贝尔实验室，在这家众所周知的电信业巨头里从事研发工作。这段时间的锻炼，为施密特更好地适应这个行业奠定了基础。

1997年，互联网危机期间，施密特来到Novell公司，出任公司主席兼CEO，主管公司战略规划、管理和技术研发。在施密特的领导下，Novell很快开始扭亏为盈。只可惜，个体的力量始终无法抵挡时代大潮的冲击，Novell公司再怎么蓬勃发展也终究不能逃避"互联网泡沫"的影响，就在施密特离开的那个季度，Novell已经亏损过亿美元。不过，施密特到谷歌任职的前期，Novell公司还是请施密特担任Novell董事会主席一职。

那么，拉里和谢尔盖是如何找到施密特并聘用其到谷歌的呢？毕竟，在这个圈子里，有能力的人太多了。说穿了其实也不稀奇，谷歌的两位联合创始人之所以选择施密特，完全是由于风险投资家的引荐。不过，拉里和谢尔盖可不会听信他们的一面之词，在做决定之前，两个人和施密特进行了一次长达一小时的会谈。这可不是什么和风细雨的会谈，宾主双方完全没有就"今天天气真好"这类无关痛痒的话题打哈哈。谢尔盖毫不客气，一见面，他就打开电脑调出数据，批评施密特当时在Novell开展的一个技术项目十分愚蠢。施密特当然据理力争，结果双方争得不亦乐乎。

施密特虽然为没有说服谢尔盖接受他的观点而感到遗憾，但是他也从内心深处承认，他还从来没有和某个人进行过这样有益的辩论。但从最后的结果来看，施密特仍然是这场辩论的胜利者，因为他表现出来的专业水准让他获得了两个年轻人的认可。

更重要的是，拉里和谢尔盖明白，谷歌需要施密特这样的人。施密特有20年的成功经验，而谷歌是一个年轻且发展迅速的搜索引擎企业，施密特的丰富阅历正好能够与谷歌的发展需要完美契合。

就这样，集互联网战略家、企业家和重大技术的开发者等多重身份于一身的施密特，于2001年进入谷歌，与拉里、谢尔盖一起负责谷歌的日常运作。在施密特来到谷歌的时候，公司

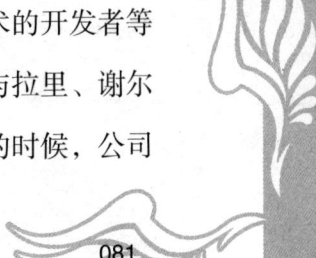

只有200名员工，而且刚刚开始盈利不久。但是在随后两年多的时间里，谷歌的员工数量突破千人。在接下来的几年中，谷歌迅猛发展，股价很快攀升至500美元，如今，不用说我们也都知道，谷歌稳坐全球搜索引擎界第一把交椅。

睿智的施密特在工作中贡献全力，而他同时也是热衷于社会公益的人。2006年，他和自己的家人组建的加利福尼亚基金会开始运作，这个完全属于私人性质的基金会以支持环保项目而闻名。两年后，鉴于他在公益事业上的热心表现，华盛顿一智囊团新美洲基金（New America Foundation）请他担任主席，虽然这个主席没有一分钱薪水，但施密特还是欣然上任。

市值巨大的谷歌如今已经成为新时代的硅谷神话，而拉里、谢尔盖和施密特也被称为是造就这个神话的"三驾马车"。不了解的人可能会觉得施密特可有可无，但熟悉的人都知道，在这三个人中，施密特绝对是一个举足轻重的人物，更有了解他的人称他为业界"老狐狸"。当然，这种称呼并没有贬低之意，不过是夸赞他经历丰富而已。

与谷歌两个创始人初次相见的情景一直让施密特念念不忘。在那场辩论中，两个年轻人的看法既让施密特感到新鲜，又让他迷惑不解，他分不清他们的想法到底是出于对未来的一种远见，还是仅仅是年轻人涉世未深的天真。

那时的谷歌虽然已经是相当出色的搜索引擎技术公司，但是除了销售技术，还没有其他的盈利方式。当时正值"眼球经济"（依靠吸引公众注意力获取经济收益的一种经济活动）日渐衰退之际，施密特以他老道而颇具创新的思维看到了搜索与广告之间最和谐的联系，成就了谷歌目前最核心、最成功的赚钱方式——即在保持主页简明朴素的同时附加广告。

施密特的存在，使谷歌从一个单纯的搜索引擎华丽转身，变成为企业提供各种搜索服务的供应商和互联网上最大的广告平台之一，充分挖掘了谷歌的巨大商业潜能。不过，赚钱固然重要，但因此而置用户的利益于不顾，显然是舍本求末之举。施密特当然也意识到了这一点，因此，他始终遵循一点，即谷歌的所有延伸业务都以搜索为核心，绝不能喧宾夺主。

在谷歌工作得如此如鱼得水，施密特自然有他的"秘密武器"，在众多"秘密武器"中，第一个要数"云计算"。身处信息时代，计算机已然是我们在日常工作和生活中十分重要的工具。而我们也遭遇过这种情况：一旦计算机的硬盘被破坏，存储在里面的东西就将"生死未卜"，这让我们束手无策。而一旦拥有"云计算"，则"云"会代替计算机的存储和计算功能。"云"即计算机群，每一个计算机群都包括了几十万甚至上百万台计算机，这些计算机随时都可以更新。

这就好像你把钱存进了银行，需要的时候随时可以去取一样。有了"云计算"，一切信息都可以存在互联网上，只要你想要提取，无论何时何地，你都可以轻而易举地实现。在施密特看来，有了"云计算"，世界将会从此变得不同。因此他认定这将是未来互联网技术的发展方向。

说起"云计算"，互联网数据中心分析师弗兰克认为，从某种意义上说，"云计算"是网格计算模型自然而然的进一步发展。根据"云计算"的运作逻辑，公司甚至不需要购买或者租借价格昂贵的大型计算机，只需通过电脑或手机等接入"云"系统，就可以迅速完成工作。弗兰克表示，这一超级计算系统一旦投入商业应用，普通网民也能享受到更加快速的搜索服务。虽然"云计算"目前仍处于初期开发阶段，但它对于如何计算以及想要搭建的系统和软件而言，意义无疑是巨大的。

集中一切力量把产品做好，这就是施密特的第二个"秘密武器"。能够带来利润的产品太多了，但是你不能贪心地想把一切都揽在怀里，因为你的精力是有限的，一家公司同样如此。这一点，施密特明白，拉里和谢尔盖也明白。那么，谷歌是如何在核心业务与扩展业务之间寻求平衡的呢？"拉里、谢尔盖和我采用了一个称为'70：20：10'的法则。"施密特解释说，所谓70，就是把70%的精力花在核心业务上，对于谷歌来说，就是网页搜索引擎和网络广告。所谓20，即将20%的努力投入其他领域。所谓10，即剩下的10%则随机而动，让谷歌随时有所创新。

施密特的第三个"秘密武器"，是善于利用员工的集体智慧，执行集体决策。他说，了解每个星期都招聘到了什么样的人，是预测公司成长指标最简单的方式。谷歌有一个专门负责与应聘员工进行面谈的委员会，如果他们觉得这个员工素质不错，就会向施密特推荐，由他进行最后的考核并做出决定。

这样的流程，能够确保不放走任何一个优秀的人才。而施密特自己，则每周都拿出数个小时，认真阅读近百份简历，从中筛选出真正有创造力的人才，因为谷歌的目标就是"建立一家非常有创造力的公司"。所有进入谷歌的员工，都得是认同这一目标的人，只有这样，当他们进入谷歌以后，才有可能适应这里"每周花一天时间从事个人研究"这样的工作节奏。在谷歌，你可以随意研究任何自己感兴趣的技术或产品，哪怕它跟谷歌现有的产品毫无关系，也没有人会说你不务正业，谷歌永远鼓励创新。

一旦拥有优秀的人才，如何让他们发挥才智便成了首要问题。在这方面，施密特受到《群众的智慧》一书的启发，作者詹姆斯在书中提出，一大群人比一小撮精英更能做出明智的决策，用中国的俗语来概括，就是"三个臭皮匠，顶个诸葛亮"的意思。受此影响，施密特决定采用"群体决策"的办法，这不仅让人人都有用武之地，更重要的是，群策群力是保证谷歌创新的诀窍。

也许是谷歌CEO的光环太过耀眼，很少有人知道，埃里克·施密特还身兼苹果公司董事一职。直到2009年8月3日，苹果公司才正式宣布，谷歌CEO埃里克·施密特已辞去自2006

年以来一直担任的苹果公司董事的职务。已故苹果CEO史蒂夫·乔布斯（Steve Jobs）当时表示："施密特是苹果董事会的一名杰出成员，他投入了有价值的时间、才能、热情和智慧以帮助苹果成功。"

尽管表面上乔布斯对施密特的才能给予高度评价，但实际上，随着谷歌推出安卓系统并准备全面进入智能手机领域，乔布斯对施密特的不满与日俱增。据说乔布斯曾亲自致电施密特，指责谷歌"窃取苹果创意"，并痛斥施密特欺骗了苹果。因为众所周知，苹果以保密而闻名，但施密特作为苹果的董事，是可以了解公司业务运营的，所以《福布斯》发表文章称施密特是苹果"保密大幕的一个漏洞"。

乔布斯的愤怒完全可以理解，谷歌全面进入苹果的核心业务，这种行为在他看来，无异于背叛。"卧榻之侧，岂容他人酣睡"，施密特只能辞去苹果公司董事一职，因为在利益面前，过去的信任及感情都不复存在。

2011年初，谷歌正式宣布，谷歌联合创始人拉里·佩奇将接替埃里克·施密特担任下一届谷歌CEO。虽已辞去谷歌CEO一职，但施密特仍将继续担任谷歌执行董事长，做好拉里和谢尔盖的顾问，同时更加密切地关注谷歌的外部事务。

谷歌经历的"施密特时代"，折射出科学文明的进步与发展，为了表达对施密特的尊敬，很多网站纷纷整理出谷歌在这一时代领导下的"杰作"：

AdSense：

"ad"是"广告"的意思，"sense"意为"感知"。合起来，就是"相关广告"之意，指网站平台广告，2003年后谷歌引进了这一业务，即前面提到的主页附加广告。2010年第四季度财务报告显示，该服务带来的收益已占谷歌总收入的三成。

YouTube：

2006年被谷歌收购之前，YouTube已经是非常流行的影像网站了。所以谷歌斥资16.5亿美元收购YouTube的这一行为，一度被认为是浪费、烧钱。不过，截至目前YouTube每周仍有30亿的广告浏览量。

谷歌地图：

前面已做过介绍，谷歌地图一直以来就不被认为是个挣钱的利器，但是它的存在能够为客户、商家提供热点新闻以及潜在的竞争对手，这一点对于谷歌和客户来说恰恰都很重要。

Gmail：

说起电子邮件项目，Gmail绝对不是最流行的，它的过人之处在于Gmail同时还是谷歌其他服务的基础，如声音电话等。比如，在早上登录Gmail，就能快捷地使用谷歌的所有服务，直到关闭浏览器。

Android：

现如今，Android毋庸置疑已经成为美国消费市场最好卖的智能手机平台，在中国大陆地区也是如此。

Chrome：

Chrome在中国译为"谷歌浏览器"，于2008年全球正式发布，可以说这并不是最高端的浏览器。但是它的设置为谷歌提供了更多基于网络的发展，再加上本来就不错的资质，使它一经推出就十分受欢迎。

在过去的十年中，埃里克·施密特一直担任谷歌CEO。风风雨雨一路走过来，终于卸任的他随即就在Twitter（"推特"，美国的社交网站）上开起了玩笑："再也不需要像大人操心孩子一样关心日常运营了！"而且，《纽约邮报》一度报道称，施密特正同CNN（Cable News Network，美国有线电视新闻网）取得联系，准备挑战人生中一个崭新的领域：脱口秀主持人。谁知道呢，也许施密特真有成为男版奥普拉·温弗瑞的潜质，那么，我们就期待他的如珠妙语吧！

第五节　那些鲜为人知的奇闻趣事

我的想法就是金钱，喝酒会伤害脑子。

——拉里·佩奇

了解谷歌，了解这个网络神话是如何诞生的，也就了解了这个神话对所处时代的影响和对世界的改变。挖一挖那些陈年轶事，不失为一种深入了解的方式。众所周知，谷歌从创业发展到后来的企业文化，处处能给人留下特立独行的印象。也许，了解了下面的信息，你会改变对谷歌的某些看法。

在"Google"这个名字诞生之前，它叫"Backrub"。谷歌的策划雏形，就是拉里和谢尔盖为了了解万维网的链接结构而进行的一个研究项目。据说，现在还能找到Backrub的历史存档页面。

谷歌计算机最初的存储设备让拉里和谢尔盖着实费了一番周折。由于他们对存储设备的空间要求很大，而当时最大的硬盘容量仅为4G，于是，他们把10个这样的硬盘组合在了一起。

还记得拉里和谢尔盖最初创业时租用的那个车库吗？把车

库租给拉里和谢尔盖，可以说是房东苏珊一生中做出的最正确的决定。正因为和拉里、谢尔盖建立了这样的关系，房东苏珊才决定进入谷歌，并且在谷歌发展的早期阶段寻找到一个颇为关键的位置，后来成了公司的顶级行政人员，而她的妹妹也与其中的一个"创业狂人"谢尔盖喜结连理。后来，谷歌出钱买下了那座房子，如今，那里已经成为一个具有纪念意义的旅游景点。不过，由于太多人前来拍照留念，谷歌公司一度十分郁闷，后来决定不对外开放。不过，我们仍然可以在谷歌地图上找到它。

谷歌居然允许员工带着自己的宠物来上班，这一点，恐怕许多人都没有想到。不过，在谷歌里，人们对于狗的喜爱远大于猫。1999年，谷歌的第一位工程副总裁带着他心爱的狗一起来上班，这条名为Yoshka的兰伯格犬从此成为了谷歌的第一条狗。

你知道谷歌公司里到底有多少台服务器吗？不仅我们不知道，即使是在谷歌内部，也从来没有人谈论这个话题，由此我们可以认定，这对于谷歌来说是一个秘密。不过，这还不是最隐秘的，在谷歌，众所周知的秘密就是它的数据中心，不过也没有人知道谷歌究竟有多少个数据中心。曾有谷歌员工披露了一段谈话，内容是关于大规模计算系统的，而这个系统是按照1000万台服务器级别来设计的。

在谷歌首页上有一个"I'm Feeling Lucky"按钮，点击可

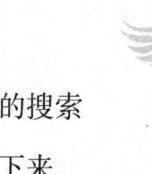

以直接跳转到和搜索有关的目标网页，而绕过谷歌自己的搜索结果页面。由于这些搜索结果页面上有广告，所以换算下来，设置这样一个按钮，谷歌每年实际上大约要损失1100万美元的利润。

既然如此，为什么不干脆把它去掉呢？对此谷歌负责用户体验的一位副总裁曾经解释称，这一切皆缘于谷歌的两位联合创始人拉里和谢尔盖对于世界的一个认知。在这两个人看来，某些时候，世界因为过于企业化和金钱化而显得多少有些枯燥，对此他也表示认同。而谷歌之所以要设置这样一个"I'm Feeling Lucky"的按钮，目的就是提醒人们注意，每个人都有自己充满独特个性的一面，而保留自己的兴趣爱好，这才是真正的人。

这样的例子好像在说，只要你身为谷歌高层，你的意见都会得到贯彻，那么你只需高高在上地提意见就行了。实情是不是这样呢？我们不妨一起来看看这样一个故事：

有一天，一位刚刚应聘到谷歌工作的秘书受命去为客户发一份传真，可是天知道，其实她并不会熟练地使用传真机，偏偏谷歌的传真机功能稍显复杂，羞于向别人请教的她只好尴尬地站在传真机前，不知如何完成这项任务。

正在这时，一位也准备发传真的同事走了过来，他非常敏锐地注意到了这位新任秘书的茫然失措，主动提出帮她发传真，并耐心地教她如何使用这台复杂的机器。

弄明白了一切之后，秘书的心情一下子轻松起来。她主动询问这位同事的名字，可能是想以后有机会一起吃个饭表达一下感激之情吧，结果这位同事非常平淡地说出的名字却让她吓了一跳——埃里克·施密特——他居然是公司的CEO。

从此她知道，在谷歌，每个人的事情都要自己去完成，即使你是CEO也不例外。

其实，从埃里克·施密特自身的角度来说，他也并不希望自己是谷歌的一个特殊人物。他刚刚加入谷歌的时候，出于对他工作性质的考虑，以及对他职位的尊重，谷歌决定为他安排一间独立的办公室，尽管房间很小，但毕竟更加安静一些。而当时，谷歌所有的员工都没有自己独立的办公室。

埃里克·施密特不久就发现自己竟然在办公室问题上搞了"特殊化"，这让他有些不安：独处一室，又怎么能了解员工的需求呢？于是，他提出与其他员工"分享"这间办公室的要求。在他的坚持下，最终另外一位工程师搬进了这间小小的办公室。而截至目前，谷歌公司依然没有一个员工拥有独立办公室。

对于奇思妙想不断的谷歌员工来说，4月1日愚人节是个不容错过的大日子，他们会想出许多骗人的招数，让你毫无防备地落入毂中。比如说，他们声称"开发"了谷歌牌的汽水，据说这个玩笑影响巨大，甚至有人把这些本来子虚乌有的东西拿到网站上去拍卖！

还有一个堪称顶级的愚人节玩笑，说谷歌要在月球上建立研发中心。居然真的有人上当，申请要求加入谷歌未来的月球研发中心。

这种愚人节的玩笑有时候也会带来一些麻烦。有一年，谷歌的邮箱服务Gmail正好在4月1日发布，于是乎，这被很多人当成是谷歌这帮家伙开的又一个玩笑。当然，另一个原因是，谷歌的Gmail邮箱容量达到了1GB（现在则超过了2GB），而在当时，还没有哪个企业免费提供这样大容量的邮箱服务。最可笑的是，即便是在谷歌内部，也有很多员工把这当成是假消息。

万圣节在西方早就不是专属于孩子们的节日。事实上，谷歌公司的两位联合创始人与其他所有年轻人一样，都十分喜欢万圣节，并沿袭一些习俗，当节日来临时在公司内部组织万圣节变装派对。他们曾装扮成奶牛和麦当娜，并且这两人的扮相都很夸张。

谷歌的员工这样有"闲情逸致"，当然是因为谷歌有宽松自由的工作氛围，当然，也和谷歌舒适的工作环境不无关系。在谷歌，工作之余，你就算吃住玩都在这里，过一个月恐怕也不会觉得有什么不方便的地方。一位新加入谷歌的员工，据说因为暂时没有租到合适的房子，就这样在公司生活了一个月，而且过得相当不错。一日三餐就不用说了，谷歌的自助餐世界闻名；至于睡觉，谷歌到处都是舒适的沙发，想在哪儿睡都可以；谷歌的洗手间配备有相当高级的沐浴设施，所以即便是在健身房的跑步机上跑出一身大汗也不要紧；当然，如果你不喜欢这种过于剧烈的运动，也可以到谷歌的游泳池去游几个来回，一样能达到锻炼的目的。

怎么样，这种生活，是否比在自己家里还要舒适呢？据说，那位租不到房子的员工做到了一个月足不出户！

在谷歌内部，有许多乍听起来不可思议、但实施起来却毫不含糊的规矩，它们都在告诉你：在谷歌，规矩就是规矩，即便匪夷所思，也绝对毫不含糊。比如说，有一次，一位工程师突然对这样一条规矩产生了怀疑："100英尺之内必有食物！"这会是真的吗？不相信！但是，一名工程师从来不会说没有根据的话，为了验证自己的怀疑，这位工程师掏出尺子，对他与最近食物之间的距离进行了一番测量：结果是120英尺！

工程师信心十足同时又幽默万分地向后勤部门提意见要求改进，结果，后勤部门毫不留情地纠正了他的错误：亲爱的工程师，你所在的地方楼上就是餐厅，你不妨测量一下，它和你的距离绝对不到100英尺！

说到招聘员工，谷歌更可谓是神乎其神，就像当初发给玛丽莎·梅耶尔的邮件一样，你以为那是谷歌的漫天撒网吗？不，一切都绝非偶然。实际上，你能否接收到这样的邮件，完全取决于你自己，那就要看你在IT业的名气是否大到足以吸引谷歌的注意。如果你是互联网名人，或者是IT业技术高手，那么恭喜你,你可能已经进入了谷歌人力资源部门的注意范围。

如果你想验证一下,方法其实也很简单,只需使用谷歌对自己的名字进行搜索,如果你能够在搜索结果的页面上发现这样一句提示——Do you want to join Google(你愿意加入Google吗)?那就表明,谷歌已经对你伸出了橄榄枝。

在谷歌,也许最不缺少的,就是别出心裁的小创意。比如,为了吸引人才加入,在通往硅谷的高速公路上,谷歌还曾经打出一个巨幅广告牌,而偌大的广告牌上却只有一个简单的题目。经过这里的工程师可能都觉得比较好奇,就会试图寻找答案。一旦解答出这个题目,并将答案输入浏览器地址栏,恭喜你,你就会直接进入Google公司的招聘页面。

对每一位谷歌员工或者曾经的谷歌员工来说,在谷歌的那段日子都是一段难忘的经历。他们会时常品味、回忆,并用自己的方式去纪念,比如撰写回忆录。道格·爱德华兹就出版了自己的回忆录《手气不错》,对自己在谷歌的工作经历进行了整理。他是谷歌的第59名员工。作为一名老资格的员工,道格·爱德华兹与拉里·佩奇、谢尔盖·布林以及其他著名的谷歌员工都有过直接共事的经历,他把这些经历中许多有趣的片断都记录在自己的书中,从中也许我们可以看到一个不一样的谷歌:

切断中央情报局(CIA, Central Intelligence Agency)线路

对于喜爱美国大片的人来说,中央情报局可是一个如雷贯耳的机构名称，它既神秘，又神奇，仿佛无所不能，又仿佛无所不知，谷歌竟然敢切断它的线路？

是的，这是谷歌第6位员工雷·西德尼的"壮举"。有一天，他发现词条"this is the CIA"被连续搜索了近4万次，这当然不是个正常现象，有可能是某人为提升网站搜索排名而故意为之，于是，他毫不犹豫地切断了CIA的搜索线路。

遗憾的是，事实远不如美国大片那般精彩，之所以出现这种情况，不过是因为有一名探员无意中将书压到了键盘的回车键上而已。

金属梁打晕昔日的神经外科医生

吉姆·里斯是谷歌的一名系统管理员，而在加入谷歌之前，他是一名神经外科医生。有一天，吉姆·里斯和同事们一起，为往数据中心里添加服务器而拆除一堵墙，墙是拆完了，但是他们却忘记用螺丝重新固定好横梁。结果，一根重达200磅的金属横梁掉了下来，直接把吉姆·里斯砸晕了过去。

当他醒来后，所有的同事都问他："你能把自己医好吗？"

Google产品副总裁乔纳森·罗森博格爱玩滑板

IT业的从业人士，和常人多少有一些不同，谷歌的员工，其所思所想有时候奇怪得让人瞠目结舌，这一点，就连谷歌的高层人士也不例外。以谷歌的产品副总裁乔纳森·罗森博格为例，每当有媒体来谷歌采访的时候，他都会以一种特别的方式，来让记者认识谷歌。

他的特别方式就是，踩着滑板车在记者面前来回穿梭。这还不算，他还向记者大声呼喊："看，我在玩滑板车！"他从不认为这会给人留下不务正业的印象，相反，在他看来，这对于提升谷歌形象是非常有好处的。

拉里·佩奇和谢尔盖·布林喜欢在廉价餐馆签大合同

这听起来似乎有些不可思议吧？但是，谷歌的这两位联合创始人似乎就有这样的爱好。他们第一次融资成功后，二人在汉堡王大吃了一顿以示庆祝。而为收购YouTube而展开的谈判，并非在星级大酒店里举行，而是在Denny's快餐店。不得不说，拉里·佩奇和谢尔盖·布林始终保持着勤俭节约的好习惯。

早期的大厨会让员工吃掉所有的剩饭

不用说，这位大厨一定也是受到了谷歌两位联合创始人的影响，所以他不允许员工浪费哪怕一粒粮食。所以，当一位名叫查德·莱斯特的员工把9份猪排剩在盘子里起身准备离开时，大厨叫住了他。这位员工为自己的一时贪心而付出了沉重代价，他吃完了剩下的全部猪排。相信这件事不仅教会他节约，恐怕更让他从此以后再不想吃猪排，见到猪排都会绕着走。

谢尔盖·布林曾经建议把谷歌的主页改成粉红色

这无疑是一个大胆的提议，不过，并非是出于对这种颜色的偏爱，只不过是想看看主页流量会不会因此而增加。谷歌员工对于两位联合创始人的"疯狂"建议早已经见怪不怪，不过，这种打破固有思维、天马行空的想象，对于员工来说确实是一种启发。

你见过粉红色的谷歌主页吗？没有？谁都没见过。这只能说明一个问题，谢尔盖的提议并未付诸实施。

谷歌提供的免费按摩催热按摩师假证市场

早在创立之初，谷歌就已经为员工提供免费按摩服务了。谷歌聘请公司按摩师，甚至一度催热了按摩师假证市场。这倒不完全因为进入谷歌就意味着享受良好的福利待遇，即便不被聘用，仅凭借按摩师证书，你就可以享受一些技术服务，甚至可以参加谷歌的聚会。

而谷歌产品也曾为人们带来一些未曾知晓的奇闻，比如谷歌地球。2012年，谷歌卫星成像为考古界带来惊喜。据国外媒体报道，成像显示，在埃及或许新发现了巨大的金字塔状物。

Google

第四章　谷歌在中国

■ 第一节　谷歌中国的新开端
■ 第二节　谷歌，丰收之歌喜悦之歌
■ 第三节　追随心中的声音
■ 第四节　勇者·智者·仁者
■ 第五节　退出中国大陆

Google

第一节　谷歌中国的新开端

> 随着时间推移，尤其是我越来越多地关注国外业务，我希望我可以在我们的政策框架内，适当地使谷歌更多业务进入中国。
>
> ——埃里克·施密特

2006年4月12日，时任Google公司行政总裁的埃里克·施密特在北京正式宣布："Google中国"是谷歌在中国的称呼"之一"。所以加上"之一"，是因为在"谷歌"这个名字发布不久，即遭到很多用户批评。但Google中国依然坚持使用"谷歌"作为正式名称。对于"谷歌"这两个字，Google中国给出的解释是"播种与期待之歌，亦是收获与欢愉之歌"。

想要了解Google和中国之间的关系，下面的这一串数字会是很好的途径：

2000年9月12日，谷歌开发www.google.com的中文界面；

2004年4月1日，Google公司发布最新版本Google Toolbar工具栏。通过不断更新，新版免费Google工具栏可以把英语翻译成繁体中文、简体中文、日语、韩语、法语、意大利语、德语和西班牙语8种语言；

2004年4月18日，Google推出了Gmail中文界面，由此中文Gmail用户可以通过中文界面更方便地使用Gmail；

2004年6月23日，Google公司宣布，专门为使用简体中文的用户推出五种新的快捷搜索功能，使用户可以更快速地使用Google快捷搜索访问每天常用的信息；

2004年9月9日，Google公司推出Google新闻简体中文版本，同时支持用户搜索、浏览来自1000多个简体中文新闻来源的新闻，Google中国新闻提供全面的新闻搜索服务和来自中国以及全球简体中文新闻文章和相关新闻图片的链接；

2005年5月25日，Google公司正式推出Google桌面搜索中文版；

2005年6月10日，Google公司推出Google大学搜索服务，专门帮助用户搜索关于中国国内大学的信息；

2005年7月，李开复加盟Google，并担任Google中国区总裁；

2006年4月12日，Google公司行政总裁埃里克·施密特在北京宣布Google的中文名字为"谷歌"。

就在同年2月，Google公司在中国台湾地区登记的分公司名字为"美商科高国际有限公司"。关于Google的命名，在之前的一份由中国国际经济贸易仲裁委员会域名争议解决中心出具的裁决书中，Google被称为"科高公司"，同时拥有"谷歌.cn""谷歌.中国"等中文域名。当时中文用户除了直呼英文名外,更常使用"古狗"或"狗狗",但是中文域名"古狗.com""古狗.cn""古狗.中国"等均已被其他公司抢注。最终,北京时间2006年4月17日凌晨1时左右,Google简体中文网站正式出现了"谷歌"字样,Google进入中国。

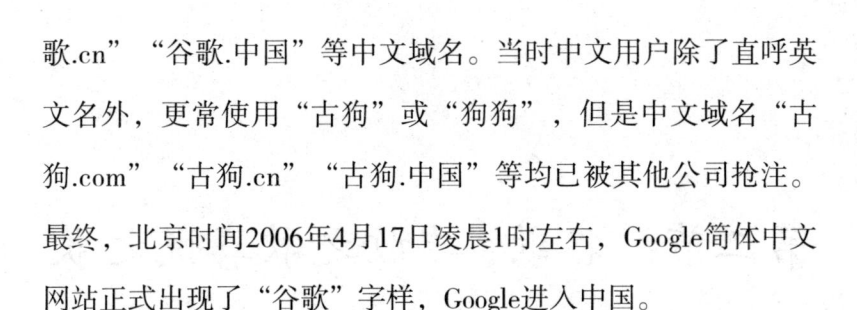

在Google中国的启动仪式上,Google公司用自己的创意产品——卫星地图搜寻到埃里克·施密特的所在地,这种方式是如此的别出心裁,即便是一惯平和谦逊且低调的施密特,也觉得自己的出场方式颇具看头。随后,Google又让完全不懂中文的施密特用中国的七巧板拼出"谷歌"两个字。尽管有Google中国区的两个负责人——李开复与周韶宁在旁,施密特仍然表示不需要任何帮助,坚持独立完成了这个对他来说着实是"高难度"的拼图游戏。启动仪式结束之后,是媒体的访问时间。面对蓄谋已久、誓不错过机会的各位媒体记者,施密特始终保持微笑,并一直强调"Lady first(女士优先)"。Google公司的员工说,这已经是施密特多年来的习惯了。

第二节　谷歌，丰收之歌喜悦之歌

> 你可以说我们是来自硅谷的歌声，心中满怀憧憬，默默地服务全球中文用户，也可以说是丰收之歌，喜悦之歌。总之，这是一个属于全球中国人的Google。
>
> ——谷歌员工

那么，"Google"又是如何变成"谷歌"的呢？

2006年4月12日，Google公司CEO埃里克·施密特在北京发布了Google全球中文名称为"谷歌"的消息。北京时间当月17日凌晨1点，Google简体中文网站上正式出现了"谷歌"字样。这是当时Google在全球范围内唯一一个非英文的名字。

事实上，从第一名中国员工进入Google工作开始，为Google取一个中文名字就成了Google全球所有中国员工共同的任务。Google亚太市场总监王怀南解释说，之所以给Google起一个中文名字，是因为考虑到普通老百姓的需求，"Google的名字已经很好了，对于IT工作人员来说，这是非常方便的称呼，但是我们有大量普通的老百姓在使用Google，我们必须考虑他们的感受"。一位曾担任Google亚太区市场经理的中国员工说："给Google起个中文名字已经成了少有的所有Google中国人共同参与的项目，大家都很在乎这件事。"

为什么大家对此充满热情？因为Google的员工对企业、对这一品牌有深厚的感情，对于他们来说，Google就像是自己的孩子，而谁不想为自己的孩子起一个既响亮好听又别具匠心的名字呢？所以，在那段时间里，几乎每一个Google中国的员工都在思考这个问题，并时不时地展开讨论。

为了取好Google的中文名字，大家首先明确了大体的取名方向，并将其贯穿于整个过程之中：第一，这不仅只是一个新名称，它更需要很好地体现Google公司的特质：创新、朝气、自由、活力，而这种特质本身是无国界的，所以需要引起广泛共鸣；第二，作为全球独一无二的名字，Google中国的名字绝对不能是对Google发音的简单"汉化"，一定要充分体现中国的本土化精神。也就是说，这个中文名字未必符合Google公司的传统精神，但必须要富有中国文化的特质。

有了这样明确的方向，大家纷纷献计献策，有人专门搜集整理相关资料供大家参考；还有人为了说明自己选择的名称是最好的，特意找来各种各样的资料做佐证；甚至有人专门从语言学的角度出发，对"Google"的每一个发音都做了详细的解读，然后总结取名的规则和要领。

为了提供更多的选择，还有人按照Google中"G"的发音罗列了所有"G"和"K"发音的汉字以便于搭配组合，有这个思路的人说："我们的脑子里每天都充满了各种或奇异或搞笑的排列组合。"由此，大家不由得感慨，选择这样一个中文名字的艰难程度绝对不亚于开发一款新产品。

伴随着争论，如"古狗""博古""咕咕"等名字大军浩浩荡荡地出现在投票名单上，以供高层定夺。随着争论愈发激烈，目标范围也在逐渐缩小，后来由"前三强"到最终锁定在了"谷果"和"古歌"之间。

一家如Google这样庞大的公司，在某一问题上出现分歧是很正常的现象。正因为如此，Google的企业文化强调"平等、公开、透明"，无论遇到什么问题，大家都会把意见摆到桌面上，充分抒发自己的见解。而无论发生多么激烈的争执，只要最后领导层拍板做出决策，那么所有的人都会放下异议，无条件地认真执行。这正是谷歌的特点。

然而，在这次"起名风波"进行过程中，高管阶层却罕见地出现了意见分歧，形成两大阵营，各持己见。反对"谷果"的一方认为，这个名字听起来更像一家农产品公司，与网络毫无关系；反对"古歌"的一方则认为，这个名字太过厚重，与Google的整体品牌形象不符。争论一度陷入僵局。

一直到2005年5月底，Google决定正式进行一次市场调研，以便决定Google是否需要一个中文名字。实际上，在广大的中国用户中，人们已经按照各自的习惯为Google赋予了千奇百怪的音译称谓，调查结果进一步印证了大家对于是否需要中文名字这一问题的判断。在所有的调查者中，有53%的人希望Google有一个正式的中文名称，需要一个能够更广泛地同所有中文语言用户交流的桥梁。

用户的声音最为重要，这同样是Google的文化标准之一。于是，在这次调查结果的推动下，Google中文名计划正式启动。

直到12月的一天，还在为僵持和争论而烦恼的王怀南正心烦意乱地在纸上胡乱拼写各个名称。突然，"谷歌"这个组合跃然于纸上，王怀南觉得眼前一亮，连忙兴奋地将这两个字大大地写在纸上，然后不厌其烦地跑到每个工作人员的桌前逐一询问："你觉得'谷歌'怎么样？""'谷歌'这个称呼好不好？"为了确定这个名字是否可行，他几乎问遍了所有Google中国的员工。结果让他意外且惊喜，"谷歌"这个名称竟然得到了所有人的肯定。就这样，Google的中文名字正式确定为"谷歌"。

"谷歌"，象征了收获的喜悦，更表达了一种勤劳、质朴的态度，彻底抛弃了之前呆板的英文直译方式，充满了中国风情及田园诗意。有员工说："你可以说我们是来自硅谷的歌声，心中满怀憧憬，默默地服务全球中文用户，也可以说是丰收之歌，喜悦之歌。总之，这是一个属于全球中国人的Google。"

同样是一次"无心"的涂写，使Google的中文名字在经历了数年之久的争辩后尘埃落定。而据参与这次起名决策的主要成员透露，在选择名字的过程中，他们也受到了梵·高的名画《Starry Night（星夜）》的启迪。因为Google曾经为了纪念这位伟大又非凡的艺术家，创作改编过这幅名画，将它变为了至今广为流传的Google Noodle（谷歌涂鸦）。而梵·高笔下描绘的繁星之夜，正仿佛是山谷流淌的歌声，也可以借此表达Google人充满理想、努力耕耘、收获喜悦的美好追求。

第三节　追随心中的声音

> 2005年7月19日，追随我心中的声音，我离开了微软，加入了Google。
>
> ——李开复

他从初中开始就到美国读书，18岁考入美国纽约哥伦比亚大学计算机系，22岁开始了美国卡内基·梅隆大学计算机系的博士课程。读博期间，他将关于"语音识别"的研究成果发表在国际期刊上，并且震惊全美。

他曾在苹果、SGI、Cosmo等全球知名企业担任总裁职务。2005年，他进入谷歌，职务是谷歌中国区总裁，同时也是谷歌全球副总裁。

他，就是李开复。

李开复于1961年出生于中国台湾，父亲李天民毕业于黄埔军校武汉分校，曾是台湾政治大学历史系教授。李开复从小就是一个会学习的学生。在台湾读完小学后，李开复随哥哥一起赴美，在美国田纳西州小城橡树岭的一个教会学校开始了他的初中生涯。

初到美国，由于听不懂英文，课堂上的绝大多数时间，李开复都处于一种"半梦半醒"的状态。不过，他融入陌生语言环境的能力十分惊人，入学第二年，对于李开复来说，语言障碍已经消除，李开复那过人的数学天赋逐渐显露出来。高中时，他参加了数学夏令营，并获得田纳西州数学竞赛冠军。

很多时候，我们最后所走的道路并不是最初的理想，一些人以此为由自暴自弃，不求上进。其实，人生的道路上充满了偶然性因素，只要你及时调整自己的方向，不放弃努力，在哪里都能做出成绩。就像李开复，你可能想不到这样一个在IT业声名赫赫的人物，他最初的理想和电脑完全不沾边，而是希望能进入哈佛大学学习法律。不过遗憾的是，哈佛大学并没有接纳他。李开复总结说，自己当时的英语实在是太差了，才导致与哈佛无缘。也正是因为这次被拒，李开复明白了自己需要及时调整，掌握主动。他总共申请了12所学校，最终他被哥伦比亚大学录取。

纽约的哥伦比亚大学兴建于1754年，历史悠久，是"常春藤联盟"（美国东北部八所院校组成的体育赛事联盟）的成员之一。有48位曾经在哥伦比亚大学学习或工作过的学者获得过诺贝尔奖，蜚声国际的校友还包括投资专家沃伦·巴菲特以及胡适、冯友兰、著名记者埃德加·斯诺。

李开复在哥伦比亚大学主修的科目是政治科学，属于法学博士的预科。不过随着学习生活的展开，他很快发现自己对法律其实并没有兴趣。李开复说过："（有一门课）我基本上每堂课都在睡觉，唯一需要做的是选择在教室里睡还是在宿舍里睡。"

而真正困扰他的是，进入大学之后，他被学校安排进了汇聚哥伦比亚大学数学精英的小班，一个班只有七个人。在紧张的学习中，他逐渐意识到，自己是这七个人中唯一一个无法从数学中寻觅到"美"的学生。不过，苦恼之中也有意外之喜，李开复在无意中发现，自己真正喜爱并且擅长的是计算机。

说到计算机，还有一个有趣的故事：

李开复在高中时代就对计算机非常感兴趣，而他当时所就读的高中正好有一台老古董一般的IBM机器。那时是20世纪的70年代，计算机还需要靠打卡片的方式使用：先在一张张卡片上打洞，然后再把打了洞的卡片输入电脑。一个周末，李开复写完了一个程序，用来解开一个复杂的数学方程式，然后准备把结果打印出来。由于机器老旧，运行速度非常慢，李开复等不及打印完结果就回家了。周一到学校，李开复被老师痛骂一顿。原来，这个复杂的数学方程式有无数个解。周末李开复离开以后，电脑中的程序一直在运行，也就是说，计算结果一直被源源不断地打印出来。当时的打印纸还是那种连在一起的241型号打印纸，而一箱打印纸就可能花掉学校几十美金。这么"贵重"的打印纸，被李开复的一个程序全部用光了，老师自然火冒三丈。

大学一年级的时候，李开复选修了计算机，结果考试时得到了入学以来的第一个"A+"。这让李开复深受鼓舞，之后他特意在学校的计算机中心找到一份兼职工作。到大二时，李开复毅然决定转到计算机科学专业。做出这样的决定的确需要一定的勇气，众所周知，即便是同一所大学，不同专业的排名不一样，它的名气、影响力以及就业前景都有很大的不同。就哥伦比亚大学而言，它的法律专业在全美排名第三，而计算机只是新增设的一个专业，并没有多少深厚的基础，前途不甚明朗。从在全美知名的法律专业转到尚不入流的计算机专业，这种行为让人怎么看都并非明智之举，但李开复就有这样的魄力，为了学习真正喜欢的知识，他义无反顾地转到了计算机专业。

两年以后，李开复获得哥伦比亚大学学士学位。这样的成绩显然不能让他满足，他需要继续深造。于是，他进入坐落在

网络猎手谷歌

宾夕法尼亚州匹兹堡的卡内基·梅隆大学，攻读计算机学博士学位。这里的电脑科学专业排名全美第三，仅次于麻省理工学院和斯坦福大学，而其拥有的计算机网络也是美国最先进的校园网之一。

加入谷歌之前，李开复已是名噪一时。他可是国际知名的语音识别技术专家，曾获《商业周刊》1988年"年度最重要的科学创新"称号。李开复在1998年7月加盟了世界PC机软件开发的先导——微软公司，并于11月出任微软中国研究院（现微软亚洲研究院）院长。2000年，李开复升职为微软公司副总裁，被调回总部负责自然界面。李开复的受教育经历，让他意识到成长阶段教育的重要性，于是从2004年开始创立了"我学网"，致力于开办一个帮助青年学生成长的公益性网站。

而在进入微软之前，李开复还有八年的岁月是在苹果和美国硅图公司（SGI）度过的，这其间他经历了科学家到产品副总裁的蜕变。他有许多成功的作品，例如苹果的QuickTime。他也遇到过挫折，比如在美国硅图公司，他的团队发明了三维浏览器，却在市场上遭受巨大失败，导致整个团队和产品都被公司廉价卖掉。也正是因为这些，李开复才逐渐理解，仅仅固守科学家理念中的"新""酷"是不够的。创新必须是针对用户的，做产品的管理，也必须把用户放在第一位。于是，李开复在1998年的夏天回到中国，开创微软中国研究院，并把这个教训带入中国团队。

那么，是什么样的机会让李开复进入谷歌的呢？正如俗话所说，聪明人创造机会，李开复是"毛遂自荐"进谷歌的。

2000年，李开复被正式调回微软总部，成为全球副总裁。经过几年工作之后，他深切体会到，完美工作的标准应该是自己有浓厚的兴趣、有充分的成长空间并具备一定的影响力。他越来越怀念在微软中国研究院的时光，越来越渴望在这个领域形成自己所期望的更大的影响力。正在这时，李开复得知谷歌意欲在中国创建团队的消息，于是他就主动找到了谷歌当时的CEO埃里克·施密特，表示愿意加入谷歌。

这是一次十分成功的会面，埃里克·施密特对于李开复的表现相当满意，李开复主动提出加入谷歌的做法更令他感到高兴，所以他很快就为李开复提供了职位。

对于这件事，李开复是这样解释的：当你遇到喜欢的工作机会时，不需要任何的迟疑，只需要积极主动地争取。的确，对于我们任何人来说，好的机会都是非常珍贵的，一旦遇到，就应紧紧抓住，这样你的人生才有可能踏上一个新的台阶。不要以为机会总在那里等着你，因为其他人也在等待着这个机会。你与它失之交臂，那么别人就会把它紧紧抓在手中。

可以这样说，2005年是李开复的转折年。他万万没有想到，一次普通的"跳槽"，却引发了一次自己人生的"地震"。原因是，谷歌的热情欢迎使得微软大发雷霆，随即向美国华盛顿州地方法院提起诉讼，指控李开复违反了竞业禁止协

议，这一诉讼引发了全球媒体的兴趣，各大报纸、广播、电视台争相报道。各种虚假、负面报道铺天盖地。

来自微软的诉讼以及由此引发的种种不利，使李开复一度陷入了人生低谷。不过，在经历了短暂的低迷之后，李开复很快就重新振作了起来。对于这一切，他想到了自己的座右铭：用勇气改变可以改变的事情，用胸怀接受不能改变的事情，用智慧分辨两者的不同。于是，李开复又全力以赴地投入了这场激战。最终，当李开复重新开始工作时，他发现直面媒体时，没有一个记者提问与诉讼有关的问题，因为没有人再相信那些谣言。

2005年7月，李开复正式加盟谷歌，担任谷歌全球副总裁兼大中华区总裁。

2005年9月13日，就李开复违反竞业禁止协议案，美国金县高等法院做出裁决：李开复可以立即为Google工作，但工作范围将受到限制。

2005年12月22日，微软公司终止了对Google以及李开复的诉讼。

加入谷歌以后，针对自己负责的谷歌中国公共关系事务以及谷歌中国工程研究院的运营工作，李开复展开了积极的工作。在他的眼里，谷歌是一个令人震撼的公司，这种震撼，不仅包括谷歌领先的技术优势以及仿佛永不衰竭的创新热情，更包括谷歌对诚信的追求、对大众利益的重视，以及谷歌人忘我的工作激情、透明的工作目标和工作业绩。这一切，都让李开复坚定了自己的选择，因为他相信："在Google，我能经过学习新的创新模式，成为最好的自己。"

诚然，"成为最好的自己"是李开复个人的奋斗目标，不过作为谷歌的大中华区总裁，这并非摆在他面前的首要问题。毫无疑问，谷歌公司汇聚着世界上最具天才的工程师们，如何管理他们，才是摆在李开复面前的重要课题。李开复本人非常推崇"放权"式的管理，因为以他多年的工作体会，深知在这样以创意为主要生产力的企业里，严格恪守死板的规定有弊而无利。

于是，李开复逐渐实施让员工自己提出研究方向、由大家讨论决定的管理方法。同时规定，员工可以利用20%的工作时间做自己喜欢的项目。当然，员工同样拥有对公司提出建议的权利。所以，谷歌里自由的工作环境是名不虚传的。

对于李开复自己来说，作为一名管理者，他要在公司战略、每年的目标、合作伙伴、总部沟通等方面努力；但在其他的时间里，他更会以一个企业文化的维护者、公司的发言人、员工的教练的身份来约束自己。

毅然离开微软而加盟谷歌，许多人对此都感到好奇：到底是什么吸引着李开复来到谷歌？

首先，李开复的加入并不是哪一个猎头公司运作的结果。外界曾有过这样的质疑，而李开复回答道："我和埃里

克·施密特认识了那么多年，如果这样还要聘请猎头，等于白白把钱送给别人。"他自己坚信，谷歌吸引自己的因素中有谷歌公司的企业文化。"首先，Google公司从硬件到软件都是自己做的，这非常符合一个计算机科学家喜欢从硬件到软件一切都自己做的习惯"。其次，谷歌的工作氛围让他感到非常舒服。"你能想象吗？在谷歌，一个300多人参与的项目组，领导居然只有一个！这就意味着，你的思想和行动都不会受到太多的束缚，无论谁有好的项目，只要获得大家的支持，那么这个项目就可以加入进来，整个项目组就像一个真正的研究院。"在李开复的经验中，如果说IBM、微软这种公司类似工厂，那么谷歌更像一所开放性的大学，自由、平等，没有许多条条框框的牵绊和束缚。

就是这样一个自由宽松的工作环境，让李开复义无反顾地投身其中，并焕发出强烈的工作热情。在一位谷歌员工的记忆中，李开复仿佛有用不完的精力和热情：有一次，为参加公司的一项活动，他连续飞了40多个小时，下了飞机，他的样子都快让人认不出来了：衣服皱巴巴，头发乱蓬蓬，和以前的形象判若两人。

这么疲惫，总得好好休息一下吧！令这位员工意外的是，李开复在房间里重新洗漱并稍做休整后，立刻变回了西装革履的标准形象，他精神焕发地走出来说："走吧，我们去活动现场。"

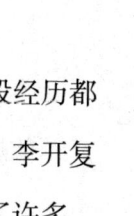

从苹果到微软再到谷歌，对于李开复来说，每一段经历都是一笔宝贵的财富。当有人问他三家公司孰优孰劣时，李开复表示，这三家企业都是非常伟大的公司，都让他看到了许多，也学到了许多。但是，这三家公司并不相同，它们都有自己独特的成功方式。这也告诉我们，成功没有固定的模式。

而在他不断的"跳槽"过程之中，李开复自己的奋斗目标也逐渐清晰。2009年，在谷歌四年任期已满的李开复提出辞职，再一次"follow my heart（听从内心的召唤）"。在题目为《再见，谷歌》的辞职信中，他满怀深情地回顾了谷歌在中国四年的发展历程。尽管这个过程并不能说是一帆风顺，但令人欣慰的是，李开复和他领导的团队始终没有气馁，如今，他们所有的努力都得到了回报，那就是，谷歌中国的搜索质量已堪称"最精确、最完整、最即时"，这无疑是对这个团队最好的回报。

当然，他们的成果并不仅限于此。谷歌地图、谷歌手机地图、谷歌手机搜索、谷歌翻译以及谷歌音乐搜索等一系列产品的推出，让谷歌日益走进中国人的生活。正如李开复在辞职信中所描述的，随意走进一家咖啡馆，你会发现，人们用谷歌来搜索信息，用谷歌地图来查询路线，用谷歌音乐欣赏歌曲……谷歌，已经成为人们生活的一部分。

而对于李开复来说，四年的辛苦付出，让他无愧、无悔，亦无憾。因此，他可以放心地离开，去实现自己的心愿了。

李开复的心愿，并非是为自己谋取更大的利益，恰恰相反，他想为别人做点有益的事情，而这个"别人"，对于他而言，就是中国的青年。

李开复觉得自己是一个十分幸运的人，因为在他的成长过程中，有乔布斯、比尔·盖茨、埃里克·施密特这样的良师益友，有苹果、微软和谷歌这样的广阔舞台，他见证并且参与了这三个世界一流公司的成长和成功，在它们辉煌的历史上留下了自己的足迹。因此，他可以毫不夸张地说，自己了解企业成功的秘笈，并且拥有科技领域的知识，他愿意并且非常希望能够把这些有价值的东西，传授给中国那些渴望成功的年轻人。

正因为他有这样的心愿，所以，尽管谷歌有意挽留，李开复还是决定听从自己内心的召唤，去带领一批中国的年轻人，和他们一起创造新的技术奇迹，去担负起一名优秀的创业导师的职责，帮助更多的年轻人圆梦，同时也圆自己的创业梦想。

毫无疑问，离开一家蒸蒸日上的全球知名企业，去开创自己的一番天地，这是需要勇气的。可是在李开复看来，他必须这么做，因为他知道，人生就这么短短几十年，想到什么就要去做，否则只会留下遗憾。他常常用乔布斯的名言来鼓舞自己："最重要的是，拥有跟随内心与直觉的勇气，你的内心与直觉已经知道你真正想要成为什么样的人。任何其他事物都是次要的。"

对于李开复在谷歌任职四年间的表现，谷歌给予了相当高的评价。在面向全体员工发出的新任命邮件中，谷歌称，对于谷歌在大中华区的成长，李开复博士做出了卓越的贡献。谷歌对此表示感谢，并祝愿他在今后的事业发展中一帆风顺。

2009年9月7日，李开复宣布创立"创新工场"。同年，李开复获选"2009年度品牌中国十大人物"奖项。2010年2月，创新工场帮助第一位大学生成功创业。

第四节　勇者·智者·仁者

> 五年前，我是勇者无惧；现在，我只做到智者的一半，我希望能尽快达到智者无惑；未来，我想做一个仁者，带给他人更多的爱。
>
> ——刘允

李开复离开后，谷歌呈现出全新的"双高管"阵营——2007年加入谷歌的杨文洛博士接替李开复，负责谷歌中国工程与研发方面的工作；于2008年加盟谷歌并出任全球副总裁的刘允博士接替李开复，负责谷歌中国的运营工作。

说起这位新晋的CEO刘允，他的背景可不一般。他于1983

年毕业于北京师范大学数学系，获得理学学士学位。之后在上海华东师范大学执教，直到1988年赴丹麦深造，获得丹麦科技大学数理与运筹学院硕士学位，并于1994年获得丹麦科技大学电信学院博士学位。在加盟谷歌之前，刘允一直担任韩国SK电讯中国区首席执行官及总裁，并于2006年获得"中国信息产业年度经济人物"的称号以及2007年"蒙代尔世界经理人成就奖"的荣誉。而且，在加入SK电讯之前，刘允博士还在美国Free Markets公司及新加坡电信公司担任过高级管理职务。

在SK电讯中国区任职的四年，是刘允从内心到性格都发生巨大变化的四年，他变得沉静了，有时候还显出几分沧桑。而这一切改变，都源自2005年末SK电讯中国区的一次人事变动，及这次变动引起的一系列连锁反应。

这是一次突如其来的人事变动，事先没有任何征兆，总部突然派来一位韩国人担任SK电讯中国区的董事长，意欲加强对中国电信市场的深入了解与掌控。

很多人都认为刘允不会接受这样的安排，因为在SK电讯中国区，刘允劳苦功高，无论是资历、能力还是业绩，他都是当之无愧的"老大"，像他这样的人，怎能甘心屈居人下？一时间，猎头公司纷纷向刘允示好，邀请接踵而至，这些都让刘允陷入一种长久而有些痛苦的思考："我到底应该选择一种什么样的生活？人怎样活着才更有意义？"

刘允承认，如果是以前的他遇到这样的事情，早已经拂袖而去，但经历了许多事情以后，他看问题的角度逐渐发生了变化。这次人事变动以及引发的各方反应，让刘允对曾经追逐的财富和职位有了新的认识和理解："我不想做李嘉诚，因为我根本做不到。现在，谁和我提一夜间暴富，我都一笑了之。以前，我有时把自己看得很大，有时又不得不承认自己很小，患得患失是一件痛苦的事。现在，我很清楚，我自己是谁。"

正因为对自己、对财富、对职位有了更加清楚的认识，所以，刘允平静地接受了总部的人事安排。不仅如此，在接下来的工作中，刘允没闹情绪，没撂挑子，而是积极配合这位新任董事长。在接下来的一年中，公司的业绩持续攀升，创收达25亿人民币。

李开复对刘允也是赞赏有加的，2008年1月7日谷歌宣布任命刘允博士为全球副总裁，主管大中华区销售时，李开复就曾表示，非常高兴刘允博士加入谷歌中国的团队，他说："刘允博士将成为Google大中华区管理团队的重要成员之一。"他还表示，对刘允加盟后谷歌大中华区的销售和渠道业务的发展充满信心。

而刘允的业务能力的确非同一般。刘允上任之后，即对谷歌中国的线上线下业务整合营销方案，同时利用多种广告表现形式和跟踪技术。由于之前在SK电讯的工作经历，刘允对中国电信行业的熟悉与人脉让他在掌管谷歌产品营销的过程中更加游刃有余，而这也正是谷歌所看中的。

刘允从不讳言，一个全新的、多变的互联网行业就是自己面对的最大挑战。那么，在这个瞬息万变的互联网时代，他给谷歌带来了什么？更加顺畅的销售渠道，发挥更大作用的营销团队，这就是他带给谷歌的变化。过去，谷歌中国需要谷歌全球来告诉它应该如何营销，而现在的情形恰恰相反，由谷歌中国的营销团队来告诉谷歌全球应该怎么做，从而最大限度地争取到谷歌全球的支持。也就是说，刘允的到来，让产品营销更加受到谷歌的重视。

刘允给自己的评价是：五年前，我是勇者无惧；现在，我只做到智者的一半，我希望能尽快达到智者无惑；未来，我想做一个仁者，带给他人更多的爱。

第五节　退出中国大陆

这是一个企业自己的商业行为。

——郑志海

2010年1月12日，谷歌公司在其官方博客上发表了一篇题为《A new approach to China（新的中国策略）》的声明，以受到黑客攻击为由，表示将就取消谷歌中国搜索引擎的内容审查一事与中国政府进行谈判，如果要求不被接受，那么谷歌将会退出中国大陆市场。

声明指出，关于本次决定，谷歌中国的团队并不知情，也没有参与，决定完全是由美国的管理团队做出的。有分析者指出此举是为了保护谷歌中国的员工。

声明发出后，关于谷歌在中国大陆的去留问题引发舆论热议。1月18日，谷歌中国表示，公司的一切运转已经恢复正常，所有员工除发表声明当日放假一天外，其余时间都在自己的岗位上正常工作。自这一天起，google.cn上几乎不再进行新的审查，审查尺度大大放宽。

1月中旬，谷歌CEO埃里克·施密特在接受纽约《新闻周刊》采访时透露说，就谷歌中国在中国大陆的去留问题，谷歌正在与中国政府进行商讨。他强调谷歌不会仅仅因商业利益而放弃对于价值观念的坚守，表示即便谷歌退出中国大陆，也完全是"基于价值的抉择"，而非商业利润的考量。

1月19日，在谷歌中国的官方博客上，时任CEO的刘允和杨文洛联合发表了澄清声明。声明表示，谷歌中国目前运转正常，员工都各自坚守在自己的岗位上，一些报道称谷歌中国的办公室已关闭、员工已接到离职通知的消息完全是捕风捉影。

1月29日、2月25日，谷歌与中国政府有关部门先后进行了两次谈判。虽然中国政府方面表示欢迎谷歌在中国发展，但是，正如俗话所说，国有国法，无论哪个国家的企业，在中国经营就必须遵守中国的法律，谷歌也不例外，谷歌的中国版搜索引擎必须遵守中国相关互联网法律。这一点，其实Google中国于2006年4月成立的时候就已经在其声明中予以承诺，时至今日，谷歌方面的诉求发生变化，但是中国的法律不会轻易更改。

两次谈判，双方依然没有达成一致。

北京时间2010年3月23日凌晨，Google总部发表声明，再次以遭到黑客攻击为由，明确表示"不能继续在Google.cn搜索结果上进行自我审查"。与此同时，google.cn和g.cn这两个原本属于谷歌中国所有的域名中的网页、图片以及资讯（新闻）搜索，被重定向至谷歌香港域名google.com.hk。接下来的几周内，google.cn上的其他服务也陆续被关闭并重定向至谷歌香港。

谷歌宣布其搜索业务退出中国大陆的事件，在广大网民以及互联网企业中引起了极大的反响，各大媒体网站纷纷报道此事。有人表示惋惜，因为"与全球最有创意的互联网产品说再见"了，也有人直斥其炒作，认为谷歌是在"以退出的策略来掩饰其商业的失败"。

事件发生当天，许多美国媒体网站也在重要位置刊登了这一消息。美国《纽约时报》发表文章认为，这样的决定对于谷歌来说不啻于一次"冒险"，因为毫无疑问，发展中的中国是世界上最大的搜索引擎市场，放弃这样一个有着巨大发展潜力的市场，很有可能不利于谷歌全球化目标的实现。

中、美两国政府也就此事发表了各自的见解。国务院新闻办公室网络局负责人指出，谷歌公司违背了进入中国市场时做出的书面承诺，停止对搜索服务进行过滤，并就黑客攻击影射和指责中国，这是完全错误的。这位负责人明确表示，中国坚决反对将商业问题政治化，并对谷歌公司的无理指责和做法表示不满和愤慨。而白宫国家安全委员会发言人汉默尔则针对此事表示，中美关系已经成熟得足以承受两国因谷歌事件而产生的分歧。

从2012年9月谷歌关闭谷歌音乐搜索至今，谷歌，这个世界知名的互联网搜索引擎仿佛离我们越来越远了。不过，实际上，关于谷歌重回中国的传闻一直就没有间断过，在全球互联的大趋势下，这种可能性也在逐渐增加。

据外媒报道，在2014年召开的达沃斯世界经济论坛上，埃里克·施密特表示，在未来的10年内，谷歌将利用"encryption（加密）"技术，进入包括中国和朝鲜在内的审核制度较为严格的国家。虽然他并没有提及具体的技术细节，也没有给出具体的时间表，但这无疑在告诉人们，谷歌不想完全放弃中国这个发展潜力巨大的市场。

Google

第五章　梦想不断追求不止

■ 第一节　最理想的雇主

■ 第二节　最具吸引力的公司

■ 第三节　谷歌梦工厂

■ 第四节　"让世界变得更美好"

■ 第五节　让谷歌变得更优秀

Google

第一节　最理想的雇主

> 我们是世界上最大的公司之一，我们也喜欢看到自己进入更多的领域——不是人们已经做过的，而是全新的事情。
>
> ——拉里·佩奇

2013年7月，谷歌荣登"全球最具吸引力雇主50强"排行榜并名列榜首，这个排行榜由瑞典市场研究公司Universum（优兴咨询）发布。优兴咨询是一家国际知名的集调查研究与管理咨询于一身的公司，它每年定期在19个国家中进行毕业生问卷调研，这些国家包括中国、美国、加拿大、英国、法国、德国、日本、意大利、俄罗斯等。在对结果进行严谨的分析后，得出最佳雇主排名，并在各国权威网站及其他相关媒体上发布该结果。值得一提的是，评选方法规定，在全球12个主要国家中，参选公司必须得在至少8个国家中被评选为最佳雇主，才能够获得上榜资格。这个规定，不能不说是十分严苛的。

"全球最具吸引力雇主50强"包括两项，即"商科学生理想雇主全球50强"，以及"工科学生理想雇主全球50强"。在这两项排名中，谷歌均名列榜首。这也就意味着，无论是商科学生还是工科学生，均把谷歌作为开始自己职业生涯的理想之地。

在优兴咨询的首席执行官米哈·卡林诺斯基看来，学生们之所以如此青睐谷歌，是因为谷歌的文化对学生们具有强大的吸引力，这其中既包括谷歌的创新精神，也包括它的企业家精神，当然，还有一直以来被人们所津津乐道的工作灵活性。在谷歌，员工可以有20%的自由时间，也就是平均每周有一天可以自由支配，你可以把手头的工作暂时搁下，去研究进行你的自选项目，全凭兴趣，不必担心能否赢利。在谷歌，只要能出成果，何时工作，如何工作，员工可以自行选择，自由度很大。

也就在同一年的6月，一部名为"The Internship"（国内译做《挨踢实习生》）的电影正式于美国上映。这部电影讲的是，两个已年逾不惑的老友忽然下岗，为了重新整顿人生方向，他们一起参加面试，并且成功进入大名鼎鼎的IT公司谷歌。不过，尴尬的是，人到中年的他们必须从实习生做起，而且要和20岁出头的年轻人竞争。尽管年龄上不占优势，专业知识也显然无法和在"极客"世界中如鱼得水的年轻人相提并论，但两位"大叔"毫不气馁，即使笑话百出，他们仍然向着目标坚定前进……

不能不说，国内对这部电影名字的翻译很贴切，让你乍一看就知道这是一部喜剧。而由于电影内容与IT界巧妙连接，并直接指向谷歌，更是为影片增添了趣味。里面还充斥着大量谷歌元素，包括Google无人驾驶汽车、实习生的螺旋桨帽等，包括剧名文字都使用了谷歌logo的字体。由此谷歌在业界的热度及影响可见一斑。

　　毫无疑问，谷歌目前已经是业界首屈一指的大公司，它拥有6万名全职员工及一万多名合同员工。但是，这显然还并不能让谷歌的两个创始人满意。2013年1月，拉里·佩奇在接受采访的时候表示，以数万名员工的规模来看，谷歌目前只能算是一家中等规模的公司。而他的理想，是把谷歌打造成像沃尔玛那样拥有数百万名员工的大公司。拉里·佩奇也承认，对于谷歌来说，也许员工数量不是最重要的，但这并不妨碍他时常想象，一家拥有上百万名员工的谷歌能够做些什么。当然，在他的理想中，谷歌必须能够在增加人员的同时，继续保持真正的创新："我们是世界上最大的公司之一，我们也喜欢看到自己进入更多的领域——不是人们已经做过的，而是全新的事情。"

第二节　最具吸引力的公司

> 你要确保所雇用的员工喜欢在此工作，他们喜欢创造，他们来这里的初衷并非为了钱，虽说当他们确实创造了一些有价值的东西时你要给予奖励。
>
> ——谢尔盖·布林

提及"吸引力"，又与谷歌相关联，就不由得让人思考，究竟是什么让谷歌成为人们心目中的"最具吸引力"的公司？某网站曾发表文章，对此进行了比较全面的分析。

从文章中我们不难发现，谷歌的人力资源部门对于这个"最具吸引力"做出了巨大的贡献。谷歌的人力资源部门叫做People Operations，简称POPS，部门主管拉兹罗·波克，是一位服饰整洁、态度和蔼、从不粗声大气的人。不过，你可别以为他是个遇事只会打哈哈的"好好先生"，实际上，他以及他领导下的POPS具有非常敏锐的观察力和行动力，一旦公司里出现什么不愉快氛围的信号，他们就会迅速地行动起来，去查明原因，然后努力地加以解决。

比如说，当大量女员工不断从谷歌流失的时候，如何解决这个问题就摆在了波克的面前。

和多数IT公司一样，谷歌的员工也以男性为主，当本来就为数不多的女性员工不断流失时，谷歌的人力资源部门就不得不对这个问题重视起来。一直以来，各大IT公司的人力资源主管也都想方设法地要平衡男女员工之间的比例，这其中是否有如中国俗话所说"男女搭配，干活不累"的考量我们不得而知，但确确实实，这涉及到谷歌十分关注的"幸福指数"问题。不必惊讶，在谷歌总部，确实存在一个监控员工幸福指数的机制，不断有女员工离开谷歌，这就意味公司不能给予她们想要的幸福。在人才竞争激烈的IT界，这可不是小事，所谓"牵一发而动全身"，每一个员工的流失都有可能引起一连串的连锁反应。

作为公司人力资源部的主管，拉兹罗·波克当然早就留意到这个现象。所以，当这个问题摆在他的桌面上时，他已经认识到了问题的根本——那就是孕妇员工的福利待遇问题。所谓女性员工流失，实际上就是孕妇员工以及处于哺乳期的女性员工的流失。她们用自己的行动表明，谷歌的产假政策不尽如人意。当时，谷歌和同行业的大部分公司一样，给予生产后的女员工12个星期的带薪假期。至于刚当上爸爸的男性员工，除加州分公司为他们提供的为期7周的带薪假期外，其他公司没有为他们提供任何福利。

拉兹罗·波克立即着手对谷歌的产假政策进行调整。2007年，谷歌开始实行新的产假政策。政策规定，新妈妈们可以享受5个月的产假，不仅薪水一分不少，而且享受全部的福利待遇。更为人性化的是，女性员工可以根据实际需要，灵活自由地支配这5个月的时间，你可以在生产前一段时间提前开始休假，也可以产后休息一段时间，上班，然后再休息一段时间，以便更好地在工作与照顾孩子之间取得平衡。另外，谷歌把加州分公司针对新晋爸爸的福利推广到全球各公司，也就是说，只要你刚当上爸爸，无论你在谷歌的哪一家分公司，都可以幸福地享有长达7周的带薪假期。

谷歌对于员工有多么慷慨，从产假政策上就可以窥见一斑，有人由此而夸赞谷歌的高尚。自然，也有人持不同意见，认为这造成了很大的浪费。谷歌的人力资源主管拉兹罗·波克显然不同意这样的意见。一方面，数据显示，新的产假政策实施以后，女性员工的流失率下降到全公司的平均水平，而原来，这个数据是全公司平均水平的两倍多。这无疑是个巨大的成功。另一方面，在当年的年度调查中，公司的幸福指数有所提升。再加上不用因大量女性职员辞职而不断进行招聘，这样又节省了许多费用。"相当于没作出什么支出。"拉兹罗·波克说。

当然，谷歌的慷慨并非漫无目的。实际上，针对员工对福利的期望，谷歌会进行大量的调查，然后根据调查数据做出适

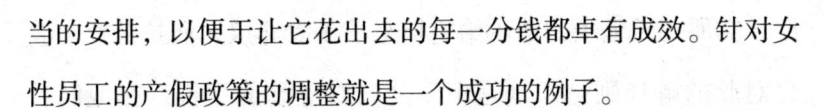

当的安排，以便于让它花出去的每一分钱都卓有成效。针对女性员工的产假政策的调整就是一个成功的例子。

谷歌的福利政策细致到有时候甚至让人感到吃惊。比如说，对于已逝员工的妻子或家人，公司将把员工10年薪水的一半发放给他们，以示抚恤。如果这还不能让你惊讶，那么谷歌其他的福利政策，比如提供给员工的免费美食，方便的干洗服务，以及高速无线办公环境，这些都足以令谷歌成为人们心目中最具吸引力的公司，这也难怪谷歌连续四年高居《财富》评选的全球100家最佳雇主之首。而谷歌的竞争对手们只有微软上榜，仅名列第75位，苹果、Facebook等公司甚至根本没有上榜。

毫无疑问，谷歌的人力资源部门对此功不可没。实际上，这个部门和人们传统观念中的印象不尽相同，谷歌的POPS更像是一个科学实验室，凡事用数据说话。它的核心是一个复杂的数据追踪分析系统，这个系统的目标是准确获取与每一个员工息息相关的各方面信息，大到员工最为关注的薪水与福利，小到员工心目中理想的排队用餐时间，可谓无所不包。为了让研究更深入，谷歌甚至请来了专门的社会科学家，对员工进行大量的调查和实验，以期找到最合适公司的管理方法。

比如说，如何让招聘流程更加合理，这几乎是每家公司都非常关心的事情，谷歌当然也不例外，尤其是谷歌在成立初期，它那冗长繁琐的面试给它招来了不少非议，而拉兹罗·波克对此的解释则是，这是出于公司对应聘的重视。在他们看来，每一位谷歌的员工都应该去见一见应聘者，以便决定他是否可以成为他们的新同事。

不过，这种做法却受到人力资源部员工的质疑。他们认为，这样的招聘流程过于拖沓不说，没完没了的面试会让应聘者对谷歌产生不好的想法。那么，多少次面试才最为恰当呢？对此人事部主管陶德·卡莱尔专门进行了一次调查。他阅读分析了数千份谷歌关于聘请一位员工的文件，把每次面试为应聘者打分的情况记录下来，然后仔细加以分析。最后他得出结论：4次面试就足以反映应聘者的能力。这种通过对详细的资料进行科学分析得出的结论，很容易就得到了谷歌里那些同样擅长数字分析的工程师们的认同，从此，谷歌的应聘程序变得既简洁又高效。谷歌人力资源部人事分析主管普拉萨德·赛迪对此的解释是："我们只是尝试把人事决策的专业程度上升到工程领域的高度，我们的任务是把所有的人事决策都数据化。"

当然，这样的人力管理方式其实不过是按谷歌的实际情况出发。众所周知，作为一家科技巨头，谷歌的大部分员工都是工程师，他们不一定信服于什么大道理，但是，通过对翔实资料的分析而得出的科学数据却完全能够让他们信服。可以说，这也是谷歌文化中具有特色的一部分，任何政策上的改变都以数据来说话，而不是空洞的说教。

无论是一家什么样的企业，工资都是员工最为关心的问题，而工资上涨无疑是所有员工都盼望的好消息。但作为普通人，可能我们中的大多数都不知道，如何加薪，对于企业管理者来说也是一种学问。

2010年，全球经济低迷以及Facebook等新兴公司的兴起，让谷歌颇受冲击。虽然形势并不乐观，但谷歌的CEO埃里克·施密特却依然决定为员工加薪。

问题再一次摆上了谷歌人力资源部的桌面：通过什么方式去实现加薪才最合适？为了寻找答案，这个团队再一次采用了调查的方式，针对诸如"你希望在工资中多1000美元还是在奖金中多2000美元"这样的问题，广泛征求员工的意见。

结果很快就反馈回来，于是人力资源部提出，员工更加重视基本工资，因为在他们看来，工资上涨意味着每月收入都有固定的提高，而奖金则无疑是暂时的，甚至可能是一次性的。

基于此，2010年秋季，谷歌CEO埃里克·施密特宣布，谷歌所有员工的基本工资上涨10%。那一刻，所有的谷歌员工脸上都笑开了花，在很多员工的感觉中，那一刻是自加入谷歌以来最为高兴的时刻。

事实证明，谷歌的这一次投入同样收到了良好的回报。在幸福与感动交织的情绪下，谷歌上上下下团结一致，共渡难关，把外部的不利影响与竞争对手的冲击都降到了最低的程度。

即便是一些微小的事情，谷歌通常也会通过调查的方式得出结论。比如说，用餐高峰把排队时间控制在几分钟比较理想？餐桌是长一点好还是宽一点好？餐盘采用多大的尺寸更合适？像这些在别人眼里属于细枝末节的问题，谷歌却同样认真对待，并通过调查得出结论：排队时间最好不超过4分钟，这样既不会让人不耐烦，还给了员工以认识新朋友的机会；餐桌还是长一些比较好，这样陌生的员工之间可以很自然地进行交流；12英寸的盘子大小虽合适，但如果在它的旁边摆放8英寸的盘子，能够帮助人们控制饮食，养成更良好的饮食习惯。

除了良好的福利待遇以及出于人性化考量而设置的各项规定，谷歌轻松随意、不拘一格的办公环境及氛围，也是它吸引人的一个重要原因。

谷歌总部位于山景城，这是美国硅谷的一个小城，毗邻斯坦福大学。小城小到什么地步呢？你只要骑着自行车，就可以在城中穿梭往来，十分方便。

坐落在山景城的谷歌总部与周围的环境十分契合，毫无科技巨头那种高高在上的疏离感。办公室周围有大片的绿地，不时有悠闲的人或宠物走过，看起来跟大学校园差不多。

谷歌对于员工办公室不仅没有什么统一要求，据说，每间办公室在装修之前，谷歌还会给每位员工发100美元，让他们根据自己的喜好来装饰属于他们自己的小天地。这使得谷歌员工的办公室各具特色。比如说，有的员工喜欢光脚，就用这些钱买一小块高级木地板铺在脚下。

谷歌的工作氛围也相当轻松随意。当大家遇到某个问题需要互相探讨交流的时候，他们可不像别的公司员工那样正襟危坐，而是把五颜六色的懒人椅往一起一凑，然后展开激烈的讨论。或者几个人钻进"帐篷"，在这个小小的空间里召开一个亲密的"碰头会"。

每逢周五，公司都会在总部的大餐厅召开全体大会，主题为Thank God It's Friday大会（简称TGIF，意为"感谢上帝，又到周五了"）。TGIF大会从1998年至今一直坚持召开，会上拉里和谢尔盖以及总裁等高层会向员工介绍公司一周的发展。餐厅里，大家可站可坐，可倾听可发问，可提意见可发表建议。有一次，一位员工在TGIF大会上建议，谷歌应该开家托儿所。谷歌总部果然就开办了一家托儿所。

也许这就是谷歌的精髓所在，不拘一格的氛围就像标志性的logo一样，虽然看起来是那样熟悉，但是一时却无法说出字母各颜色的排序。看似的"无组织无纪律"，实际上却正是思维自由活跃的表达方式。

第三节　谷歌梦工厂

> 谷歌相信我们，让我们能够去做那些在学术界不可能做的事情。
>
> ——克里斯·厄姆森

有一天，谷歌秘密研究实验室的总监阿斯特罗·泰勒找到拉里·佩奇，希望他能够批准一桩看似不可思议的收购交易——收购马卡尼电力公司（Makani Power）。阿斯特罗·泰勒的理由是，这家以开发风力涡轮发电机而闻名的公司最近又有新的发明，他们将风力涡轮机安装在无人驾驶飞机上，再把固定在地上的电缆拴在飞机上，然后，就像通常我们放风筝一样，把飞机放飞到空中。

在很多人看来，这样的举动简直匪夷所思，但阿斯特罗·泰勒却对这家公司的前途充满了信心，他还特别指出，在最近的测试中，该公司的原型机全部完好无损。从他的话中我们不难读出另外一层意思——这是一项充满了风险的测试。

这样的计划能否被批准？相信多数读者都不会持乐观看法，这无疑是一种冒险。不过，拉里·佩奇可不是一般人，他

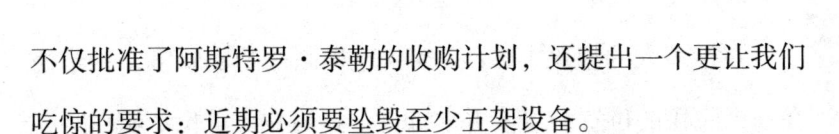

不仅批准了阿斯特罗·泰勒的收购计划，还提出一个更让我们吃惊的要求：近期必须要坠毁至少五架设备。

为了鼓励员工大胆创新，老板竟然表现得这样慷慨大方，似乎完全不计投入，不算成本。不过，这就是谷歌的风气，也正是这样的风气，才使得谷歌始终保持着旺盛的创新热情。

在拉里·佩奇的支持下，2010年，谷歌拨出专门的款项，并派出众多才华横溢的科学家和工程师，组成了一个名为Google X的秘密实验室。不过，大家都喜欢称Google X为"梦工厂"。这里是创意和智慧的一个小小集中营，奇思妙想层出不穷，当然，要把设想变成现实，就必须得有大胆的尝试，更离不开谷歌慷慨的资金支持。诸如自动驾驶汽车、谷歌眼镜，以及其他一些令我们瞠目结舌的发明，实际上都是谷歌"梦工厂"的作品。

这样一家实验室，自然吸引了各方注意，一家媒体经过多次采访后报道称，Google X的使命是"开发新技术"。不过这些新技术离我们的生活还有些遥远，像是"《星际迷航》中的剧情"，短时间内无法为谷歌带来实质性的收益。而实验室的"快速评估员"理查德·德瓦尔则表示，Google X的目标是"继承传统研究实验室的精神"。这种精神意味着，也许企业并不能从实验室的创新研究中获利，但这些创新和突破无疑对人类的进步和社会的发展具有深远的影响。

在很多人的想象中，Google X这样高端的实验室，一定处在一个隐秘的位置，事实并非如此。Google X实验室就在距离谷歌主园区约800米的两栋二层办公楼里。这是两栋外表普通的红砖小楼，看起来不够高科技，不过这丝毫也不妨碍谷歌工程师和科学家们提出种种奇妙的设想。

在楼前，一排排自行车整齐地停放着，这是谷歌的"福利"之一，为员工们免费提供交通工具，以方便他们在实验室与主园区之间往来。

进入大厅，首先吸引人们视线的，当然是停放在大厅中间的那辆装有自动驾驶技术的跑车。不过，它其实相当于一个玩具，因为这是一辆不能开的汽车。

在Google X实验室走廊的墙上挂着一些白板，上面画满了图表，如果没有人告诉你，你可能无法知道上面画的是什么。是的，那上面描画的是太空电梯，有媒体猜测，Google X实验室正在研究把这种几代科幻迷的梦想变成现实。但实际上，Google X实验室的计划中暂时还没有这个项目，尽管谷歌员工对这个项目充满了好奇，并且不停地在猜测，那么就让大家的热情再保持一段时间吧。

下面就让我们坐在Google X实验室最有名气的产品——谷歌无人驾驶汽车上，让克里斯·厄姆森，自动驾驶汽车项目的负责人，带着我们去兜兜风吧。

这是一辆白色的雷克萨斯RX450h，这款车说不上多么稀

奇，不过，车顶那台价值6.5万美元的激光测距仪，却让这辆车变得不平凡起来，坐在这辆车的副驾驶上，绝对是对人的一个巨大的考验，原因很简单，身边并没有司机，但这辆车仍以每小时88公里的速度，在硅谷拥挤的101高速公路上飞驰。

正在这时，一辆双层大巴从旁边经过，白色雷克萨斯主动减速让路。这样的情景让坐在车上的人会不自觉地感到紧张，但是克里斯·厄姆森却仍然是一副云淡风轻的表情。这位昔日卡内基·梅隆大学的助理研究教授表示，之所以选择谷歌，是因为"谷歌相信我们，让我们能够去做那些在学术界不可能做的事情"。

的确，拉里·佩奇和谢尔盖·布林一贯支持异想天开，在他们看来，渐进式改善还不够好。成功的标准是能否将这些理念变为现实，以及去做大胆尝试。

正是因为有了这样两个不同凡响的创始人，才最终有了这样一个想人所不敢想、做人所不敢做的Google X实验室。而产生创立这样一个实验室的最初目的，正是为了开发自动汽车。

2005年，美国国防部高级研究计划署举办了一次无人驾驶汽车挑战赛，拉里·佩奇参观了这场比赛。在比赛中，斯坦福大学计算机科学家塞巴斯蒂安·特伦以及他所带领的研究生团队吸引了拉里·佩奇的注意，他们成功地让一辆无人驾驶汽车在莫哈韦沙漠中行驶了11公里长的障碍路线。

拉里·佩奇一直都对机器人非常感兴趣，也非常看好人工智能的前景，他的观点与塞巴斯蒂安·特伦不谋而合，两个人大有相见恨晚之感。

两年之后，拉里·佩奇向塞巴斯蒂安·特伦发出邀请，邀请他和他的几名学生一起加入谷歌街景地图的开发。塞巴斯蒂安·特伦欣然接受，因为他对于学术界只注重发表多少文章的风气非常不以为然，在他看来，实实在在地创造一些产品无疑更加重要。

正是出于这样的理念，从2009年，在塞巴斯蒂安·特伦的主持下，谷歌开始了无人驾驶汽车项目的研发工作。谷歌的两位联合创始人拉里·佩奇和谢尔盖·布林最初为他们设定的目标是：设计研发一辆能够安全行驶1600公里的汽车，它不仅能够在加州的高速公路上行驶自如，在弯曲的城市街道上，它也要有完美的表现。特伦带领着12位工程师，在15个月内完成了这一目标，他们研发的汽车，顺利驶过洛杉矶和硅谷拥挤的街道，甚至在GPS信号没有覆盖的旧金山-奥克兰海湾大桥的下层桥面，也能安全地通过。

项目进行得这样顺利无疑超出了大家的预期，于是，两位谷歌创始人开始和塞巴斯蒂安·特伦讨论，计划将项目扩展成一个独立的实验室。拉里·佩奇和谢尔盖·布林之所以有这样的想法，一方面固然是项目本身发展的需要，另一方面，虽然搜索是他们的主业，但两个人对于除此之外的其他技术也有浓厚的兴趣，借这样一个实验室，他们在其他方面的兴趣也能够

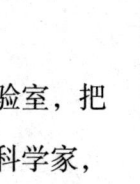

得到满足。更重要的一点则是，他们想借这样一个实验室，把塞巴斯蒂安·特伦留下来，因为他不仅是一个出色的科学家，还具有将理论变成现实的实干家的能力。这样的人才，对于谷歌来说也是值得想方设法挽留的。

而谷歌开放自由的气氛无疑也让塞巴斯蒂安·特伦深感满意，在他看来，死气沉沉、僵化刻板的氛围会压抑人的创新能力，所以，他放弃了为这个实验室取名"谷歌研究所"的想法，取而代之的是Google X这样一个充满了未知的名字。

在无人驾驶汽车之后，Google X实验室很快开始了第二个项目：谷歌眼镜。当时，华盛顿大学电气工程教授巴巴克·帕韦兹发表了一篇论文，文中提到了研发一种新产品的可能性，这种产品是新型的隐形眼镜，通过它内置的电子元件，可以将图像投射到佩戴者的眼睛上。

这样的文章很多人看后不过付之一笑，但却吸引了拉里·佩奇和谢尔盖·布林的注意，他们决定，把巴巴克·帕韦兹和他的研究一起纳入到塞巴斯蒂安·特伦的新实验室中。

结合巴巴克·帕韦兹当时正在研发的可穿戴式电脑的成果，实验室成功推出了一款头戴式显示屏，不过，要想把这款产品戴在身上可不是一件轻松的事，因为这款产品重达4.5公斤，使用起来也算不上方便，它得用很多根线连接到挂在佩戴者腰带上的一个小盒子上。试想，如果一个这样装备的人走上街头，大家还不得以为是科学怪人从实验室跑出来了呀！

经过不断的改进，最新推出的谷歌眼镜不仅在重量上与普通眼镜毫无二致，而且它的外观看起来也没有特异之处。不过，这款造价1500美元的眼镜目前尚未面向普通消费者出售，原因是批评者认为，它有可能被一些人当作秘密监视器使用。因为这款眼镜内置有一个高清显示屏，它可以拍照，可以拍摄视频，也可以显示电子邮件。正因为有这些功能，在某些人看来，它就可能被别有用心的人作为秘密监视器来使用，从而进行一些不被法律所允许的事情。还有一些评论认为，这款眼镜的造型仍过于笨拙。

面对这些批评之声，巴巴克·帕韦兹表现得十分平静，他说他只希望人们能够转换一下立场，从Google X的角度来看待这一发明：对于科学家们来说，研发这款产品的目的很简单，就是希望它能够帮助人们快速顺利地获取知识，仅此而已。

不能不说，即便是在谷歌内部，Google X实验室也是一个特别的工作室，因此，它有一些特别的传统，也就不是什么稀奇的事情了，比如说，一个特殊的毕业典礼。

大家都知道，毕业典礼是学生们毕业时举行的仪式，用以纪念逝去的美好时光。在Google X，每当一个项目完成了它的实验阶段时，研究人员就会用一种特殊的方式进行庆祝。这种特殊的方式当然不是聚在一起吃吃喝喝，或采取其他方式休闲娱乐，而是一个特殊的毕业典礼。在毕业典礼上，头戴装饰有X字母的学位帽的研究人员神情庄重地接过颁发给他们的毕业证书，同时把那一段难忘的时光藏进记忆深处。

俗话说，天下没有不散的筵席。即便是Google X这样充满了创新和活力的实验室，也不能把一个人长长久久地留在这里。因为，每个人都有自己更高的追求，更远大的理想。2012年，塞巴斯蒂安·特伦也从Google X毕业。

离开后，塞巴斯蒂安·特伦成立了自己的网上大学课程公司Udacity。也许有人问，塞巴斯蒂安·特伦难道不可以在Google X进行这个项目吗？何必非要离开？特伦自己曾经表示，Google X更多关注的是技术上的问题，而网上大学课程则把重点放在"人"的身上，因此，这个项目并不适合Google X。

不过，塞巴斯蒂安·特伦虽然离开Google X并创业，但他仍然担任Google X的顾问，只不过他不再管理实验室的日常事务。接替他担任实验室主要管理者的是阿斯特罗·泰勒。

第四节 "让世界变得更美好"

这个世界是不受智商所限制的。

——阿斯特罗·泰勒

已过不惑之年的泰勒梳马尾辫，留山羊胡。他的家庭是一个典型的知识分子家庭，甚至可以说是声名显赫的家庭：他的祖父爱德华·泰勒是著名的物理学家，被誉为"氢弹之父"；他的外祖父杰拉尔德·德布鲁是一位经济学家。从小耳濡目染，阿斯特罗·泰勒很早就立下了当一个科学家的志愿。

阿斯特罗·泰勒为人相当低调，这恐怕与他祖父爱德华·泰勒不无关系。爱德华·泰勒虽然才能出众，但是人际关系却处理得欠佳。后来，在二战后的一次安全调查听证会上，作为"曼哈顿计划"早期成员的爱德华·泰勒更作出了对曼哈顿计划的领导者罗伯特·奥本海默不利的证供，此后他在科学界中变得更加不受欢迎。祖父的遭遇对于阿斯特罗·泰勒来说是一个警示，他表示，一个人"一定要做你热爱的事"，他的祖父一生都致力于成为一个"科学政治家"，一个"组织建造者"，而在阿斯特罗·泰勒看来，与其这样，不如"退到角落里"，当一个真正的科学家。

开始全面负责实验室的工作以后，阿斯特罗·泰勒始终为一个问题而感到困惑，那就是：Google X的使命，或者说，它的目标到底是什么。因为在实验室成立之初，塞巴斯蒂安·特伦的直觉，以及拉里·佩奇、谢尔盖·布林的兴趣，就是实验室的研究方向。但是，随着实验室日趋完善，仅凭这些来指导研究人员的工作显然是不够的，他们必须对自己的工作目标有一个明确的认识。

有一次，泰勒在与拉里·佩奇谈话的时候，终于忍不住提出了这个问题：Google X是一个研究中心吗？拉里·佩奇摇摇头，这样的定位显然太乏味了。那么它是一个新公司孵化中心吗？泰勒锲而不舍地继续追问。拉里·佩奇仍然摇头。最后，泰勒问："那我们说的是像登月那样的梦想吗？"拉里·佩奇回答："没错！就是这个。"

从那以后，阿斯特罗·泰勒的名片上有了这样一个头衔——"登月号船长"（Captain of Moonshots）。这位船长把带领全体研究人员为实现"让世界变得更美好"而努力作为自己的使命，更把他的理念"大胆去干、没有限制"变成了Google X的口号，因为在他看来，"这个世界是不受智商所限制的"，勇气和创造力，这二者才是使我们受到限制的因素。

在阿斯特罗·泰勒与谷歌元老梅根·史密斯的共同推动下，2012年，谷歌推出年度大会Solve for X，这是一个类似于"智囊团"的项目，计划每年邀请约百名创新者，聆听和讨论前沿的技术，以解决全球性问题，包括疾病、饥饿等问题。

对于Google X来说，最重要的事情莫过于不断有新的点子出现，而这也是阿斯特罗·泰勒花费大部分时间来做的事情。他和他的同事们考虑的事情，可以说完全超出了我们日常认知的范畴，说是天方夜谭已经是客气的表述了，很多人干脆斥之以荒谬。但是，荒谬与否，从来都不是Google X的研究人员们考虑的因素。比如说，物体的瞬间转移，可能我们在科幻片中多少接触过类似的场景，但是在现实中，这可能实现吗？

Google X目前正在这个领域做进一步的研究。原因很简单，在他们看来，如果你不抓住机会，如果你不愿意花费时间去尝试，那么永远不会有任何进展。

正是因为秉持着这样的理念，Google X的那些秘密计划才能够不断获得进展，然后一步步从幕后走到台前。

2013年4月，谷歌董事长埃里克·施密特出人意料地做出这样的大胆预测："到2020年，全世界所有人都将用上互联网。"此言一出，立刻引发舆论热议，有人指出，目前全世界约有60%的人口不能上网，很多国家甚至连可靠的电信网络都没有，他们如何实现"用上互联网"的愿望？这不是痴人说梦吗？

而现在，随着谷歌气球（Project Loon）项目逐渐浮出水面，我们不得不承认，这个目标的实现，只是时间早晚的问题，绝非不可能完成的任务。

所谓谷歌气球，就是通过气球向偏远地区传输互联网信号。具体来讲，就是利用随风飘远的气球，向地面传输和如今3G网络速度相似或更快的网络信号。

为了实现这个计划，谷歌进行了一系列的测试。2013年6月，Google X在新西兰放飞了30只气球，让一个由50人组成的测试小组体验到了由这些气球所带来的网络连接。2014年6月，谷歌方面表示，其通过热气球向乡村地区提供互联网接入服务项目的谷歌气球正在按计划有序推进。

最初看起来那么不切实际的项目，因为科研人员坚持不懈的努力，终于取得了长足的进步。而Google X这种把梦想甚至是幻想变成现实的能力，成为它最吸引人的魅力所在，越来越多的技术人才加入Google X，让Google X的梦想越来越大。

玛丽·卢·杰布森原来是麻省理工的教授，现为Google X显示器部门主管，她负责开发那些十分特殊的显示屏，以配合诸如谷歌眼镜这类穿戴式设备的需要。

安德鲁·康拉德，血液筛查公司LabCorp的首席科学家，如今也加入了Google X的队伍，他参与开发的项目内容目前还不为人所知。

第五节　让谷歌变得更优秀

> 谷歌的规模已经很大。我们想做许多不同的事情，想成为一家与众不同的企业，希望拥有更多社交元素，希望用户喜欢我们的产品，希望员工喜欢自己的公司。
>
> ——拉里·佩奇

2013年，《环球企业家》杂志采访了拉里·佩奇，谈及未来的发展和规划，拉里说，虽然谷歌的规模已经很大，但成为

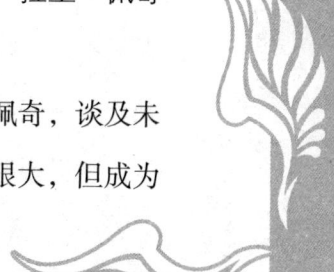

一家大公司远远不是谷歌的目标，谷歌的理想是成为一家"与众不同的企业"，做许多与众不同的事情，而不是跟在别人后面亦步亦趋。这也就意味着，在拉里·佩奇看来，具有创新能力始终是谷歌最重要的特质，只有不断地创新，谷歌才能始终走在互联网业的前端；只有不断创新，科技才能日新月异地发展，并对人们的生活产生深刻的影响；也只有不断创新，才能激发员工的热情，让他们更热爱自己的企业，同时让用户更喜欢谷歌的产品。创新，对社会发展有利，对经济发展有益，作为一家高科技巨头，创新是谷歌最醒目的一个标签。

正是由于保持着旺盛的创新热情和能力，谷歌才能不断地开发新内容、新软件，不断地推出新产品来满足用户的需求。例如安卓系统，就因为它满足了人们对于移动体验的新需求，所以在拉里·佩奇看来，它是成功的。而它的成功，无疑给了谷歌更多与苹果公司竞争的机会。

说到竞争，这也是拉里·佩奇必须要面对的问题。当下，互联网业风起云涌，Business Insider网站就曾撰文指出，谷歌的"黄金时代"可能已成"明日黄花"。对于这样的评论，拉里·佩奇显然并不怎么在意。从一家名不见经传的小企业走到今天，他显然早已经习惯了在竞争中生存、发展、壮大。不过，拉里·佩奇的与众不同之处在于，他认为他的职责是让员工安心去做自己的事情，让他们尽量不去考虑眼前的竞争。这样说并不是让员工逃避现实，而是让他们把目光放长远一些，不要去计较一时的得失。

实际上，这也是拉里·佩奇自己的目标：不要只着眼于当下，而要尽量思考未来，思考未来人们会需要什么，而这些东西可能是多数人还没有意识到的。只有先人一步，想人所未想，才能在竞争中抢占先机，并进而立于不败之地。在拉里·佩奇看来，这也许就是谷歌最强大的地方。

谷歌的另一个优势，拉里·佩奇认为，就是认真对待自己的核心业务——搜索和广告。对此，他也有一些新的思索。对于一个搜索引擎来说，通常情况下，人们关注的是它能否提供准确公正的搜索结果，也就是说，在人们眼中，信息才是最重要的，但拉里·佩奇则不这么想，作为谷歌联合创始人之一，他认为，一个好的搜索引擎，必须要"将人视作搜索的第一级对象"。确切地说，就是如果一个搜索引擎要满足用户的信息需求，那么它就必须了解和理解很多东西，而且不能是肤浅的了解，必须是深入理解，人的各种信息是其中很重要的一部分。

关于这一点，拉里·佩奇喜欢举这样一个例子：如果你准备去度假，那么你可能会上网去搜索，到哪里去比较符合你的要求，采取何种交通方式比较合适，住在哪里交通更加方便等。当然，你最希望能有一个系统，为你提供基本的度假规划功能。在拉里·佩奇看来，这样的系统并非不可能，但前提是，该系统必须首先了解你的喜好，此外，还得纳入天气状况、机票价格、酒店价格和交通状况等诸如此类的信息，然后，将所有信息整合为统一体验。也就是说，只有在了解了用户所有搜索需求的前提下，一个搜索引擎才能提供详细的信息。这就是谷歌看待搜索的方式，而这种方式，实际上并不被所有人理解和接受。

但是，不管人们理解与否，谷歌依然沿着自己的道路努力向前。而且，让拉里·佩奇花费最多时间考虑的，也并非人们对谷歌的看法，而是如何让"谷歌变得更优秀，并最终对世界产生巨大的积极影响"。这是一个长远目标，正如俗话所说，罗马不是一天建成的。实现这个目标，也注定只能是一个渐进的过程。对于这一点，拉里·佩奇同样有着清醒的认识，不过让他感到骄傲和自豪的是，谷歌每一天都在前进，都在逐渐地扩大自己的规模。推动谷歌这样一家大规模的科技公司每天持续不断地扩大影响力，这并不是一件容易的事情，但这恰恰是拉里·佩奇认为自己应该做的工作。因为只有不断地扩张，才能为广大的用户以及谷歌的股东们创造更大的价值。

在拉里·佩奇为谷歌描绘的发展蓝图中，既有宏伟的目标，也有具体的规划。例如，5年后的谷歌将会呈现出怎样的面貌？那个时候的谷歌人正在做什么？谷歌旗下汇聚了哪些人才？他们的创新将给人们的生活带来怎样的改变？对于诸如此类的问题，拉里·佩奇说，他和他的团队已经有了一部分答案。谷歌正朝着自己的目标阔步前进，尽管它已经取得了巨大的成就，但在拉里·佩奇的眼中，谷歌的目标只完成了1%。未来，在谷歌的推动下，整个世界必将产生更积极、更富于技术性的改变。

从小车库到大公司，一切似乎都变得与以往不同，如果说有什么未曾改变的话，那就是时间的流逝与地位的改变并没有磨灭拉里·佩奇的激情，只是让他在谈吐间更多了几分理性和睿智。

结　语

无论从哪一个角度，我们都能看到，年轻的谷歌仍在成长，继续成长。不论环境有多恶劣、外界因素有多糟糕，它"茁壮"的心态就是最好的营养液。每一个网络用户也由此信赖谷歌的客观性和公正性，这种信任坚固到任何短期利益都不能够构成破坏的理由。

关照生活，关照自己，关照世界，关照他人。正是基于此，谷歌始终致力于为人们提供公正准确的搜索，并在很大范围内获得了用户的喜爱。

附录一：

拉里·佩奇于2004年写给谷歌成员的一封信（节选）

谷歌不是一家传统型公司，我们也不打算成为一家这样的公司，在谷歌还是一家私人持有的公司的时候，贯穿其演进过程的是我们用一种不同的方式管理着这家公司。

我们特别强调一种充满创造力和挑战性的氛围，它帮助我们向全球各地的用户提供客观的、精确而且免费获取的信息。

现在到了公司公开上市的时候，这一变化将给我们的员工、我们现有和未来的股东、我们的客户，特别是谷歌用户带来重要的利益。但是，公开上市后的标准化结构或许会危及公司的独立性和我们一直强调的客观性，它对于谷歌过去的成功是至关重要的，而且我们相信它对于谷歌的未来发展也是必不可缺的。因此，我们采纳了这样一种企业结构，意在保护谷歌的创新能力，同时保持它最与众不同的特色。

我们坚信它最终将惠及谷歌和它的新老股东。谷歌希望能够清晰地阐释我们的计划及其背后的理念和价值，并高兴地看

到，您正在考虑投资于谷歌，并正在阅读这封信。

以后每年的年度报告中，布林（谢尔盖·布林）和我都将给您写这样一封信。我们将轮流写信，这样您就可以直接听到我们的想法。我们请求您把这封信与招股说明书的其余部分结合起来阅读。

服务于最终用户

布林和我成立谷歌是因为我们相信我们能够为世界提供一个很重要的服务——快捷的为用户提供覆盖更广泛领域的相关信息。为我们的最终用户服务始终在我们心里的最深处，而且永远是我们首要的任务。

我们的目标是研发这样的服务，它能显著地改善最大多数人们的生活质量。为了达成这个目标，我们或许会做一些在我们看来可以对世界产生某种积极影响的事情，即便它们在近期内的财务回报并不明显。

例如，我们支持90多种语言，而且绝大部分服务都是免费的，这样可以让尽可能多的人获得我们的服务。广告是我们最主要的收入来源，但我们提供的广告是相关并且有用的，不会侵扰和冒犯用户。谷歌努力向用户提供优质的商业信息。

我们以自己的产品为骄傲，并希望未来将要开发的产品能够给这个世界带来更加积极的影响。

关注长期

作为一家私营公司，我们向来注重长期的发展，而这也很符合我们的利益。作为一家上市公司，我们将依然如故。在我们看来，外界的压力十之八九会诱使企业牺牲长期发展机遇而单纯地满足当前季度的市场预期。

有时这种压力甚至导致企业操纵财务业绩，为了"让这个季度的财报好看一些"。用股神巴菲特的话说："我们不会'粉饰'季度或者年度业绩：如果收益数字达到总部时捉襟见肘，那么它们出现在股东面前时应该同样地捉襟见肘。"

如果机遇出现，它虽然可能导致牺牲短期业绩，但最符合股东的长期利益，我们就会抓住那些机遇。我们有足够的毅力这样做。我们也请求我们的股东们把眼光放得长远一些。

您或许会问："长期"到底有多长？我们通常期望项目在一到两年内就能取得某些效益或进展。但是，我们试图尽最大可能往远处看。尽管业务和技术环境迅速变化，在做出当前决定时仍试图将未来三至五年内的情况考虑在内。

谷歌力争使公司在未来很多年间的总体利益实现最大化。但是，虽然坚定地倡导这项战略，但也很难准确预测今后许多年间的技术发展前景。

许多企业面临着使自己的收益与分析师预测水平相符的压力。因此，它们常常接受较少且容易预测的收益，而不是更大但不易预测的回报。布林和我都认为这是有害的，而且我们打算朝着相反的方向努力。

谷歌有充足的资金来支持我们的业务，并且通过运营产生

了更多的现金流。这在负担成本方面有了一定的灵活性，利用这些机遇，并实现长期收益的最优化。例如，我们对公司的广告系统进行了多项改进，同时在两个方向上对收入施加积极影响。涉及的领域包括最终用户的相关度和满意度、广告主的满意度、合作伙伴的需要和目标锁定技术等。

如有需要，将立即做出改进，绝不拖延——即便是拖延做或许能让财务业绩显得更加光鲜。谷歌向您郑重承诺：迅速地执行决策，实现长期价值而不是让季度业绩变得更容易预测。

我们关注长期的做法也是存在风险的。市场或许难以评估长期价值，这样也有可能削弱了公司的价值。我们关注长期的做法或许根本就是一种错误的业务战略，而竞争对手恰恰由于其短期战术而获得了回报，并且实现了较强的业绩成长。作为潜在投资者，您应当考虑与我们关注长期的做法相关的风险。

我们业务决策的出发点将是公司及其股东的长远福利而非基于会计核算的标准。

虽然我们也讨论自身业务的长期趋势，但不打算提供传统意义上的收益指南。谷歌不能在一个狭窄的范围内预测我们每个季度的业务发展情况。我们认识到，我们的职责在于增进股东的利益，而且我们相信，人为地制造某些短期目标数字的做法并不符合股东的利益。

希望大家不要请求我们进行这样的预测，而且即便有人这样请求，谷歌也将有礼貌地回绝。一个被各种短期目标所困扰的管理团队，就像节食减肥者每半个小时称一次体重一样，毫无意义。

风险VS长期回报

谷歌的业务环境迅速地变化着，并且需要长期投资。我们会毫不迟疑地在前景可观的新机遇上投入重资。

谷歌不会出于短期收益压力而规避高风险、高回报的项目。过去我们已经有一部分这样的投资进展得相当不错，当然也有一些尚未看到回报或者不尽如人意。由于我们认识到，开展此类项目是公司长期成功的关键，所以仍将继续探寻。

假如一个项目有10%的机会去实现总额为10亿美元的长期收益，那么我们将会为其提供资金。所以如果在仍很有争议甚至是奇怪的领域，或者与当前业务相去甚远的领域投入少量资金，请不要感到惊讶。

虽然可能不能以"回报／风险比率"等方式对将要承担的风险水平加以量化，我们仍将接纳当前业务范围之外的项目，特别是那些与当前业务相比，初始投资要求相对较低的项目。

谷歌鼓励公司员工在他们各自的常规项目以外，拿出20%的时间从事那些他们认为将会使谷歌极大受益的项目。这一措施使他们充满了创意和创新。谷歌的许多重大技术进步都是源自其中。

例如，AdSense for Content和谷歌新闻这两种产品的原型都是"20%时间"的产物。最具风险性的项目即便失败了，常常也能让我们学到一些东西。其他的项目获得了成功，并且转化成了很有吸引力的业务。

寻求长期价值最大化的过程中，由于一些新项目的可能亏损及另一些项目的可能盈利，我们会有季度间波动的情况产生。谷歌也希望将来能够更好地对风险和回报水平进行量化，用作您的投资参考，但是这确实非常困难。

尽管一些风险性的项目让我们兴奋不已，但我们仍期望将大部分资源改善谷歌的主营业务（目前是搜索和广告）。绝大多数员工都自然地倾向于核心领域内的持续改善，所以这个过程也将是十分自然的。

附录二：

Google，中国——追随我心的选择

李开复

2005年7月19日，追随我心中的声音，我离开了微软，加入了Google。

微软是一个非常了不起的公司。我在微软学到了很多，终身受益。尤其是有机会和比尔·盖茨先生共事，终身难忘。所以，微软是个了不起的公司，值得我们学习。

但是，Google是一个让我震撼的公司。

令我震撼的是Google的"新一代技术"和那种对创新的热情。我发现Google遍地宝藏。它的技术和产品已远远超过了搜索，而最难能可贵的是每一个产品和网络服务都是"让人惊讶的好"。它以"一切自己动手"的原则，像一个大实验室似的，让公司的计算机科学家能够自己设计特殊软件和硬件，从此尝到"有重大影响力"的感觉。它能够经过新的软件开发模式，使网络具备了可以直接更新软件的能力，不用让用户进行漫长的等待，真正地把互联网服务发挥得淋漓尽致，造福社会，引我们进入网络时代的新一代。这些新的技术其实是一种新的创新模式，这是我向往学习的。

令我震撼的是Google对诚信的执著。Google是一个"不做邪恶的事情的公司"。它绝不允许伤害用户的利益，Google的员工也不允许买公司的广告。当我第一天上班的时候，一位新来的同事提出一个"先发制人"的战略。在别的公司，他可能会被认为是天才，但是他周围的人马上说："这是邪恶的。你希望别人这么对你吗？"然后，他很不好意思地收回了他的意见。这是我向往的一片"诚信"净土。

令我震撼的是Google对大众利益的追求。Google上市时，坚决让股民直接买Google的股票，而不是由大投资银行分配给大户的做法，因此得罪了不少投资银行，但是得到了民众的好评。Google是一个先让用户满意，之后再考虑赚钱的公司，如果不赚钱也没有关系。Google大部分的软件和服务都是免费的，而且许多软件和服务推出多年到今天还没有找到商业模式，但是只要能够帮助大众，我们就会继续做。这种摒弃"唯利是图"的商场作风，赢得了用户的心，也带给了员工一种社会责任感。这是一种难得的信念，这是我尊敬的。

令我震撼的是Google的"激情魔力"。我认识的许多朋友都去了那儿。有些是资深研究者和科学家，我发现他们以前的憔悴消失了，他们充满了活力。有些是我的学生，我发现他们像找到了一个梦幻之家，上班像是在享受。当我见到这些人时，跳进我脑海的就是我在第三封信中写的："当你对某个领域感兴趣时，你会在走路、上课或洗澡时都对它念念不忘，你在该领域内就更容易取得成功。更进一步，如果你对该领域有激情，你就可能为它废寝忘食，连睡觉时想起一个主意，都会跳起来。"这种对工作的热情是让我激动的。

令我震撼的是Google的"自由+透明"。每一个人可以自己选择做什么，然后经过大家的兴趣，结合成一个个的团队。每个人想的是怎么为公司好，做出对用户有意义的产品，而不是如何扩张自己的帝国。每一个人都是透明的，没有秘密，没有"三角沟通"。每一个人的目标和业绩都是透明的，在公司内部网络上即可看到。当我第一次见到一批Google的中国员工，他们说他们都在考虑回中国。我问道："你老板的队伍只有两三个人，老板不会怕你们走，劝你留下吗？"我看到几十对不解的眼睛，它们像在问我："难道你不记得我们这里的自由+透明？难道你不认为我们的老板会为公司着想吗？"这种团队的氛围是让我觉得欣欣向上的。

这些震撼激起了我的两个思潮。

青年+自由+透明+新创新模式+大众利益+诚信=Google的奇迹。中国有最优秀的青年，如果我能把Google的文化带入中国，是不是可以创造一个"Google中国的奇迹"？是不是可以帮助中国青年创造未来多个"中国Google"的奇迹？在我的论坛上有位学生提出："最后无论微软、Google、开复的纠纷如何解决，最后的真正赢家是中国青年，是中国。"知我者，学生也。

当我一次又一次的再审我正在收尾的《做成功的自己》一书时，读到我自己写的许多文字："追求你的最爱""终身学习""你有选择的自由""做最好的自己"，让我想到的是我应该听听我心中的声音。无论这个决定带来多少困难，如果我没有追随我的心，我将终身后悔。如果我没有坚持我的原则，我怎么能建议你们这么做？

于是，我做了重大的决定。

我有选择的权利。我选择了Google。我选择了中国。

我要做有影响力的事。在中国，我能更多地帮助中国的青年，做最有影响力的事。

我要成为最好的自己。在Google，我能经过学习新的创新

模式，成为最好的自己。

2005年7月5日，我走进了我的老板的办公室，我的第一句话是："I need to follow my heart."

附录三：

谷歌CEO的2012年
拉里·佩奇

速率、执行力与专注

我和谢尔盖·布林成立谷歌的原因在于，我们坚信打造一种出色的搜索体验将提升人们的生活，并且希望改进整个世界。在随后的十多年时间里，我们一直对人们使用我们技术的方式感到高兴，例如利用互联网发掘过去的设计并制成假肢。

但我们也一直急于为用户做得更好。追求完美至关重要，技术进步如此之快，改进的余地非常之大。因此，自从再次担任CEO以来，我一直努力提高我们的速率，增强我们的执行力，并专注于令世界不同的重要项目。现在，谷歌已经是一家大型公司，但如果我们用创业的热情与灵魂去改变生活，我们还能够实现更多，做得更快。

去年4月，我上任之初，就开始围绕着核心产品重组管理团队，以提升整个谷歌的责任和义务意识。我还启动了一次大清理。谷歌拥有很多机遇，除非我们做出一些艰难的抉择，否则我们最终只能将自己的战线拉得太长，无法达到预期的影响。因此，我们关闭或整合了30多款产品，包括Knol和Sidewiki等项目。此外，我们还对谷歌搜索等众多产品进行了视觉上的更新，现在它们拥有了一个更加整洁、更加连贯、更加美观的界面。

跨谷歌的美观简洁体验

创造一种更加简洁、更加直观的跨谷歌体验一直是我们的另一项重要工作。我们一直坚信，科技应当完成一项艰巨的任务，即发现、组织、通信，这样用户才能感到最为高兴：享受生活与热爱，而不会对计算机感到厌烦！这就意味着，我们要使旗下产品实现无缝整合，人们做某件事情不必离开谷歌。我们做到了。正如谢尔盖以一种只有他能够做到的值得纪念的方式所说："我们已经令万花盛开，现在就是要整合成一个花束。"

想想分享和推荐这些基本的活动。当你发现了一篇优秀的文章，就会想要与同样认为这篇文章有趣的人们分享。如果你看过一部优秀的电影，你就想向好友推荐。Google+使得分享极其便捷，它在我们所有产品之上创造了一个社交层，这样用户就可以与重要的人们联系。

注册Google+之后，你可以使用圈子功能将人们分为不同的类别，例如"好友""家人"或"火箭科学家"，然后就像现实生活中那样与他们互动。你可以向特定的圈子推荐优秀的新闻报道、网站、视频，或者与"家人"分享自己Android设备上的照片，甚至这些照片可以自动上传！要关注兴趣相投的人们，例如摄影，你只需将他们加进你的圈子。你可以与整个世界分享自己的看法，也可以通过Google+信息流与一小部分人分享，其他人则可以做出回应。

我们仍在发展早期，未来还有很长的路要走。但这些都是至关重要的改变，通过Google+现有的120多项整合（包括谷歌搜索、YouTube和Android），我们正沿着正确的轨道前进。Google+活跃用户数量已经超过1亿，这对整个互联网产生了积极影响，谷歌用户能够推荐他们喜欢的搜索结果和视频，这是我们成立之初就设定的目标。

Google+信息流本身的活动也在增加。我们很高兴有些用户已经以极快的速度获得了超过100万关注者，一些欢乐、热情的用户也在深入地讨论问题，所有这些都表明，我们正在获得真正的互动。我公开发布消息后，能够获得大量高质量的评论，这使我感到高兴，更鼓励我继续发布消息。我强烈建议你们所有人都通过Google+关注我，我喜欢用这种全新的方式与你们所有人交流与分享。

下一代搜索

理解身份与关系有助于我们改进搜索。今天，大多数搜索结果都是普通的，因此两个在咖啡馆里并排而坐的陌生人会看到类似的搜索结果。然而每个人的生活经历都是独一无二的。我们都有不同的知识，有不同的兴趣，而音乐、食品、假期、体育、电影、电视剧，尤其是对人的喜好更是千差万别。

想象一下，如果我们在搜索结果中把你加入，那该多么美好。也就是说，你像我一样研究计算机科学，因此你的信息对于那些新手来说并不太有用，反之亦然。如果你搜索某个特定的人，你想要看到的就是那个人的结果，而不是所有同名同姓的人。如果不知道你的身份、兴趣，或者你关注的人，那么这个问题很难解决。

我们有一位老资格的谷歌员工，名叫本·史密斯，他是我的好朋友。他显然不是世界上唯一一个本·史密斯！现在，谷歌很难给我找到正确的本·史密斯。很多人只分享他们的公开资料，而不愿公布文章、照片或联系人。即便托管这些服务的第三方愿意与谷歌合作，但隐私担忧仍然限制了不同平台间信息的共享，而且这种合作意向也不常出现。

Google+有助于我们解决这个问题，因为它使得谷歌理解人们和他们的联系人。因此，当我搜索本·史密斯时，我会在搜索框中看到真正的本·史密斯（对我来说），还有他的照片。以前的搜索框只能显示我输入的一些字母，无法真正理解我正在搜索一个特定的人。这是一项重大的改变，我们还有很多工作要做。但在这种下一代搜索中，谷歌可以理解现实世界的实体，这有助于以一种令人兴奋的新方式改进我们的搜索结果。这就是在搜索引擎里建立真正的知识。

采取行动

在谷歌成立早期，你输入搜索关键词，我们会提供10条蓝色的链接，当时你会感到相当高兴。但是现在，用户的需求更高。如果你搜索"旧金山天气"，你有可能只是希望旧金山的天气显示在搜索结果中，而不愿再次点击鼠标或进入其他网站。这正是我们现在提供的服务。事实上，当你在搜索框中完成"天气"的输入之前，我们就可以向你提供天气，因为我们知道你最有可能搜索的是什么。

真正优秀的搜索是在一眨眼之间将你的需求转化成行动。现在世界上有大量的数据并不公开。在搜索结果中显示这些信息需要在不同国家与不同行业达成深入的伙伴关系。这与我们提供谷歌地图服务非常类似。

例如，去年我们欢迎ITA软件加入谷歌家族。他们与航空业有着深厚的关系，现在我们可以利用这些数据提供更加相关的旅行搜索结果。这意味着，如果你搜索"芝加哥到洛杉矶的航班"，你会看到一系列相关的航班和机票价格，你还可以直接向航空公司订票，或者点击在线旅行社的广告。我们还在测试一个名为Hotel Finder的功能，它可以使用户直接在搜索结果中比较住宿价格，并预订宾馆房间。这都是为了加快速度，使用户直接看到与生活息息相关的内容。

从桌面到手机和平板电脑

从需求到行动,闪电般的速度在手机等小型设备上尤为重要,因为屏幕较小,内容就更加重要。这是我对Android感到极其兴奋的原因所在。以谷歌地图为例,这是我们最喜爱的一项服务之一。通过这项服务,你可以搜索某个地方,例如最近的书店,找到之后还可以显示通往书店的路。你还可以通过GoogleWallet服务把手机变成钱包。购物的时候,你只需点击、支付并保存。不会再出现好友要求你午餐请客,你却发现信用卡落在家里的尴尬!

发展并不总是一帆风顺。我还记得2004年第一次与安卓系统开发者安迪·鲁宾的第一次见面。当时为移动设备开发应用极其痛苦。我有一个放置了100多部手机的柜子,当时我们正在针对每一款手机开发软件。安迪认为,基于开源操作系统创造统一的标准可以推动手机行业的创新。当时,大多数人认为他就是个傻子。

时光飞逝,到今天,安卓系统风靡全球,移动创新的速度前所未有。每天有超过85万部安卓手机被激活,设备生产商达55家,运营商超过300家。安卓是合作之力的典型范例,而且每一版安卓系统都会变得更好。最新的安卓"冰激凌三文治"(2011年开发)拥有漂亮的界面,适用于不同规格的设备。无论是手机还是平板电脑,这款软件都能够无缝运行。

随着设备不断增加,使用方式不断改变(现在很多用户从来不用台式电脑上网），确保人们随时随地读取自己的所有内容越来越重要。不断下载是一种糟糕的体验，因此我很高兴Gmail和Google Docs能够同时在台式电脑和安卓设备上运行。最近谷歌浏览器也可以运行于安卓设备，设备转换变得不再痛苦，因为你所有的标签可以在台式电脑和安卓设备上保持同步。你甚至可以在不同的设备上点击后退按钮，这也可以！另外随着Google Play在线商店的推出，电影、书籍、应用和游戏都可以通过网络或安卓设备读取，无需网线、下载或同步。我认为这就是本文的主题！

去年8月，我们公布了收购摩托罗拉移动的计划，这是一家很早就投身于安卓设备的公司。我们很高兴有机会结合安卓的持续成功与发展和摩托罗拉长期的技术创新历史开发优秀的设备。但我们要重申，很多硬件合作伙伴的开放与投资造就了安卓的成功。因此我们仍然期待未来与他们合作，提供出色的用户体验。安卓就是作为一个开放的系统而诞生，我们并没有改变这一点的计划。

长期的专注

我们一直努力专注于长期发展，并且非常重视我们坚信能够在未来产生重大影响的技术。现在很难想象，但是当我们创立谷歌之时，大多数人认为搜索是一个已经解决的问题，横幅广告不会再有资金流动到搜索领域。而我们的观点则截然相反：搜索质量非常糟糕，出色的用户体验肯定能够赚钱。

今天的感觉就像是回放同一部电影。我们在推出很多新产品时被看作是疯子，而现在这些产品却得到了广泛的使用。这些产品迅速通过了检验，它们对数百万人来说非常重要，至少每天使用一到两次。以谷歌浏览器为例。2008年，人们询问世界是否真的需要又一款浏览器。今天，谷歌浏览器凭借自己的速度、简洁与安全，已经拥有了超过2亿用户，并且仍在快速增长。如果你还没有使用过谷歌浏览器，那么请尝试一次，你绝对不会再返回原来的浏览器！我保证，安装时间不会太久，如果安装时间太长，说明你需要购置一台新的电脑。

我们基于网络的应用也获得了大量的用户。2004年，我们推出了Gmail，大多数人认为基于网络的邮件就像是个玩具，但是你可以随时通过不同的设备读取电子邮件，这种便捷性，以及大量的存储空间使它赢得了超过3.5亿用户。我们的企业客户也非常喜欢这款产品。现在Gmail每天新增5000多家新企业和教育机构。

2006年，当谷歌收购YouTube时，我们遭遇了一些质疑。今天，YouTube每月用户数量超过8亿，平均每秒钟上传超过1个小时的视频。YouTube既可以实时向全球播放叙利亚的局势，也可以令一位年轻的新星建立自己的娱乐网络。YouTube频道既可以娱乐和教育，还可以帮助组织所有有趣的视频。因此，我很高兴我们启动了新的工作，与Jay-Z、《华尔街日报》、迪士尼等媒体巨头共同打造符合不同兴趣的频道。

人们会问，我们如何从这些重大项目中赚钱。我们理解短期与长期需求保持平衡的必要性，因为我们的营收是支持所有创新的引擎。但随着时间的推移，我们产品用户数量的不断增加很有可能为谷歌及合作伙伴带来重大的新的营收来源，就像如今的搜索一样。例如，移动广告会极大地增加营收，2011年第三季度，我们的移动广告营收达到了25亿美元，相当于2010年同期的2.5倍。我们的目标是实现营收的长期增长和绝对的利润，因此我们大举投资于未来的创新，同时严格管理短期的成本。

热爱与信任

我们一直希望谷歌成为一家值得热爱的公司。但我们知道这是一个远大的目标，因为大多数大型公司都不是很受用户热爱，即便他们创建之时怀有这样的初衷。我们很幸运能够与用户建立直接的联系，这给我们带来了正确做事的动力。我们所创造的每一个神奇的行动，例如将图片拖入谷歌并进行搜索，都会令用户感到高兴。当我们的产品不起作用，或者我们犯错之时，用户也很容易地转向其他网站，因为我们竞争就存在于鼠标的一次点击。

用户在存储数据，例如电子邮件和文件时，非常信任谷歌的系统。我们要负责任地管理这些信息。这是我们大举投资于安全和用户相关工具的原因，这些工具包括两步认证和加密，这有助于阻止未授权读取数据。最近我们对隐私政策进行修订，引发了很多关注。但新政策有助于我们创造更加出色、更加直观的跨谷歌体验，这正是我们今年的重点专注领域。

我们一直坚信，不作恶同样能够赚钱。事实上，如果我们想要通过创新改变世界，并聘请和保留优秀的人才，那么健康的营收至关重要。我记得孩提时代曾经阅读过一本关于尼古拉·特斯拉的书，他是一位天才，但是他的影响力却因无法利用发明赚钱而受到限制。这是一个深刻的教训。今天，我们的大多数营收来自于广告。我们要努力确保用户知道为什么而付费，我们还努力工作使这些广告与用户相关。更好的广告对所有人都有益：可以为用户提供更有用的信息或交易，有助于企业的发展，有助于广告发行者增加营收并发布更好的内容。

现在有超过一百万家企业使用谷歌的广告产品，我们很高兴我们能够为这些企业（包括大企业，也包括小企业）的成功提供帮助。最近我听说，一位泰国裁缝的店面被洪水冲毁。为了重建，她每天投入5美元通过谷歌AdWords做广告，营收实现了翻番。现在，她有超过80%的订单来自于AdWords。美国犹他州的一个家族式商店Taylor's Bike Shop在开始使用AdWords之后，同样实现了销售额增长50%以上。现在他们已经能够连续保持8名员工的规模。

我们业务模式一直围绕着这样一种信念，即如果能够为合作伙伴带来更大的蛋糕，我们也会更加富有。我们十多年前推出了AdSense，自那以来已经累计支出了超过300亿美元来支持AdSense网络广告内容的发布。这是一张大面额支票，实际上是由一张张小面额支票组成的。而且，我对谷歌能够以如此多的资源支持合作伙伴感到高兴。我们的新技术同样如此，例如DoubleClick对于在线广告发行商、AdMob对于移动开发商。YouTube也在为谷歌和我们的内容合作伙伴带来健康的营收。事实上，合作伙伴的广告营收连续四年实现了一倍多的增长速度。我知道，如果总是保持一倍以上的增长，那真是极快的速度！

尽管如此，我们认识到，我们并没有做对所有事情，我们做出的一些改变，例如最近的视觉更新最初会令一些用户感到不满（即便他们后来会喜欢这种改变）。但我们所处的并非一个一成不变的行业，技术变革如此快速，我们必须创新与改进。当然，我们犯错之后会尽快弥补，如果必要的话我们会改变做事方式，防止问题再次出现。我们还会不断努力工作，解释我们正在做的事情，以及为何要这样做，因为大企业要有大责任。

谷歌员工

人是谷歌长远成功的重要组成部分，因为企业的伟大离不开员工的努力与才智。我们的目标是聘请并保留每个层面的最优秀人才。以我们的经验来看，工作环境极其重要，因为人们想要在办公室感受到家庭的感觉，就像在自己家里一样。因此我们努力提供可口的食品、高质量的医疗、健身器材，以及令员工凝聚的工作氛围。

然而，最重要的是，我们坚信工作需要有挑战性。人们在接手重要项目的时候，会感到更有动力，更加有趣。以谷歌翻译为例，我们八年前启动了这个项目，现在可以即时对64种语言实现双向翻译，包括印地语、阿拉伯语和中文，也就是你可以实现4032对不同的语言互译！事实上，通过将谷歌翻译与语音识别技术进行整合，我们将全球数百万用户手中的手机变成了掌上翻译工具。当你从事于这样一个规模巨大的项目时，你不可能不感到兴奋，做出改变就是最大的动力。

健康地藐视不可能之事

当我还是密歇根大学的学生时，我曾经参加过一个暑期领导培训课，口号就是"健康地藐视不可能之事"，这个理念我至今仍然记得。这听起来有些天真，但我发现，极其远大的目标比不太冒风险的项目更容易取得进步。很少有人疯狂地尝试，但最优秀的人总是接受最大的挑战。我们还发现，"失败"的远大项目经常能够产生其他的效益。无论相信与否，已经为合作伙伴带来300亿美元的AdSense背后的技术创新，实际上是一个旨在理解互联网的项目"失败"后的结果。我认为，这个团队未能理解互联网的主要原因在于，他们的工作被广告相关性带偏离了。

去年，Google+团队决定整合多人视频信息，他们成立了一个专门的小组，他们足够疯狂并坚信这是可能的，然后

Google+Hangouts诞生了。现在用户可以与任何地方的任何人视频聊天，即便是在遥远的大堡礁（Great Barrier Reef）。2008年启动的无人驾驶汽车项目同样如此，现在我们已经驾驶了20多万英里，双目失明的史蒂夫·马罕（Steve Mahan）最近也驾驶了一辆谷歌无人驾驶汽车。因此用一句话来解释如何改变世界就是：从事于一项不太舒服、但却令人兴奋的工作！

当今的机遇前所未有。过去我们认为神奇的事物，现在已经成为理所当然：随时看到地图，快速方便地寻找信息，从YouTube网站而非电视频道中选择视频观看。人们购买的设备越来越多，使用也越来越频繁，因为科技在人类的生活中发挥着越来越重要的作用。我坚信，通过深入人心的技术创新产品，我们能够使你真正实现改变世界的神奇理想。在谷歌工作真是一段美好的时光，我会认真履行我应当承担的责任。